刘新波 著

XINSHIDAI GAOXIAO LI-TUIXIU GONGZUO DE SIKAO YU SHIJIAN

新时代高校离退休工作的思考与实践

江苏大学出版社
JIANGSU UNIVERSITY PRESS
镇 江

图书在版编目(CIP)数据

新时代高校离退休工作的思考与实践 / 刘新波著
. -- 镇江 : 江苏大学出版社, 2022.12
ISBN 978-7-5684-1898-0

Ⅰ. ①新… Ⅱ. ①刘… Ⅲ. ①高等学校－离退休干部
－工作－研究－中国 Ⅳ. ①G647.23

中国版本图书馆 CIP 数据核字(2022)第 244616 号

新时代高校离退休工作的思考与实践

著　　者/刘新波
责任编辑/徐　婷
出版发行/江苏大学出版社
地　　址/江苏省镇江市京口区学府路 301 号(邮编：212013)
电　　话/0511-84446464(传真)
网　　址/http://press.ujs.edu.cn
排　　版/镇江市江东印刷有限责任公司
印　　刷/江苏凤凰数码印务有限公司
开　　本/718 mm×1 000 mm　1/16
印　　张/10.75
字　　数/210 千字
版　　次/2022 年 12 月第 1 版
印　　次/2022 年 12 月第 1 次印刷
书　　号/ISBN 978-7-5684-1898-0
定　　价/46.00 元

如有印装质量问题请与本社营销部联系(电话:0511-84440882)

前　言

2016年，中共中央办公厅、国务院办公厅印发了《关于进一步加强和改进离退休干部工作的意见》（中办发〔2016〕3号，以下简称《意见》），要求各地区各部门结合实际认真贯彻执行。《意见》认真贯彻党的十八大和十八届三中、四中、五中全会精神，认真贯彻习近平总书记系列重要讲话精神，主动适应协调推进“四个全面”战略布局和人口老龄化的新形势新要求，积极应对离退休干部队伍在人员结构、思想观念、活动方式、服务管理等方面的新情况新问题，对做好新形势下离退休干部工作提出了要求，作出了部署。

广大离退休干部为我国革命、建设和改革作出重要贡献，是党和国家的宝贵财富，是党执政兴国的重要资源，是推进中国特色社会主义伟大事业的重要力量。《意见》指出，离退休干部工作是党的组织工作和人事工作的重要组成部分，承载着党中央关心爱护广大离退休干部的重要任务，具有特殊重要的地位。《意见》要求，要更加注重发挥离退休干部的独特优势，坚持不懈开展以“展示阳光心态、体验美好生活、畅谈发展变化”为主要内容的为党和人民的事业增添正能量的活动。更加注重做好服务保障工作，坚持思想上关心、生活上照顾、精神上关怀，保持敬重之心、倾注关爱之情、多做务实之事。更加注重加强对离退休干部工作的领导，健全完善党委和政府统一领导，组织人事部门牵头抓总，离退休干部工作部门组织实施，有关职能部门各负其责，社会各方积极参与的工作机制。

高校离退休人员是党和国家的宝贵财富，但随着改革的深入和老龄化社会的到来，离退休工作面临诸多如离退休工作地位弱化、服务管理水平落后、服务设施落后欠缺、离退休人员对学校心理依赖程度高等问题。在此背景下，如何结合新形势创新高校离退休工作成为难点。当前，高校一般都设立了离退休工作处（离退休党工委），其是在学校党委和行政领导下做好全校离退休工作的职能部门，主要工作职责如下：负责贯彻落实国家和地方有关离退休工作的方针、政策，并根据统一指导、分级管理的原则，做好管理和服务工作；负责制定离退休工作的年度工作要点及学期工作计划，做好年度工作总结；做好与离退休人员原工作单位的联系工作，指导与协调各学院、各单位、各部门离退休工作的具体业务；做好离退休人员的政治学习、文件传阅、听报告、参加会议和政治活动等具体组织工作；按照信访条例，配合学校做好离退休人员的信访工作，正确、及时、完整地向学校报送各类信息；做好调查研究，及时向学校领导和有关部门反映离退休人员的意见和要求；负责管理、使用离退休人员的活动经费和福利费，组织开展各种有益于老年人身心健康的文体活动，办好活动室，丰富老同志的晚年生活，关心老同志的生活福利；组织离退休人员为学校的建设和发展做力所能及的工作。

本书围绕离退休工作这一主题，针对高校离退休人员的现状，分析了离退休工作的内涵和意义、特征、制度形成与演变，探讨了新时代高校离退休工作的重点、难点，特别是如何激发离退休老同志的“正能量”，使老同志暖心、舒心和安心，并从实践案例中提炼了经验。此外，在撰写“离退休人才作用发挥工作实践”一节时，改编了张海耕等几位老同志的工作案例，以增加生动性。本书的主要内容包括：新时代离退休工作制度、新时代高校离退休人员物质生活服务、新时代高校离退休人员精神文化服务、新时代高校离退休人才作用发挥、新时代离退休老人的主观幸福感、新时代高校离退休工作实践案例。

限于作者水平，书中难免会有一些内容未能深入研究，需要进一步完善，恳请广大专家、教育工作者批评指正。希望本书成为一块“引玉之砖”，为今后的理论研究和实践工作取得新的进展和突破提供支撑。

本书在出版过程中，得到了江苏大学出版社的大力支持，也得到了同事们的关心、支持和帮助，在此一并表示衷心的感谢！

刘新波

2022 年 6 月

目　录

第一章　绪论

第一节　加强和改进离退休工作的价值考量

一、离退休干部是党和国家的宝贵财富

2020 年第七次全国人口普查数据显示，全国总人口①为 14.43 亿人，60 岁及以上人口为 2.64 亿人，占全国人口②的 18.70%。根据联合国的统计标准，如果一个国家 60 岁以上老年人口超过总人口的 10%，或 65 岁以上老年人口超过总人口的 7%，那么这个国家就步入了老龄化社会。中国的老龄化不仅表现在老龄人口越来越多，还表现在老龄化的速度越来越快。老龄化正迅速成为我国经济社会发展面临的重大挑战之一，这是做好离退休工作转型发展不能忽视的重要时代背景。同时，离退休人员也是推进中国特色社会主义伟大事业的重要力量之一。习近平总书记非常重视离退休工作，2014 年、2019 年先后两次会见出席全国离退休干部“双先”表彰大会的先进集体和先进个人代表，发表了系列重要讲话，这是我们当前和今后一个时期做好离退休工作的总遵循。

中共中央对离退休人员工作的历来重视和关注程度还体现在一系列文件中。1982 年，中共中央作出的《关于建立老干部退休制度的决定》（中发〔1982〕13 号）显示，退休干部除了与离休干部在生活待遇政策方面有所差别外，无论是在政治待遇的落实上，还是在发挥作用的组织安排上，都是与离休干部一起部署、一同要求的。2008 年，中组部印发《关于进一步加

① 全国总人口包括大陆 31 个省、自治区、直辖市和现役军人的人口、香港特别行政区人口、澳门特别行政区人口和台湾地区人口。

② 全国人口是指大陆 31 个省、自治区、直辖市和现役军人的人口，不包括居住在 31 个省、自治区、直辖市的港澳台居民和外籍人员。2020 年第七次全国人口普查数据显示，全国人口为 14.12 亿人。

强新形势下离退休干部工作的意见》（中组发〔2008〕10号），首次明确老干部工作部门对退休干部管理的职责。2012年，党的十八大报告强调，要“全面做好离退休干部工作”。2016年，中共中央办公厅、国务院办公厅印发的《关于进一步加强和改进离退休干部工作的意见》（中办发〔2016〕3号）指出，要加强对离退休干部和党员的教育引导，发挥离退休干部的政治优势、经验优势和威望优势。2017年，党的十九大报告强调要“认真做好离退休干部工作”，将其列入党的建设加以部署，并提出了包括离退休干部党员在内的全面从严治理的要求。站在新时代新方位，面对新形势新任务，做好离退休人员工作必须认真践行习近平新时代中国特色社会主义思想，深入贯彻落实习近平总书记系列重要讲话、重要指示精神，抓住离退休人员结构性变化这一主要矛盾，与时俱进深化自身改革，积极推进离退休人员工作不断转型发展。

二、做好离退休工作的实践价值

离退休人员工作的转型发展，是当前离退休人员工作领域、干部人事制度改革领域、新时代党的建设领域的重点课题。第一，通过课题研究，进一步深化对习近平总书记关于加强离退休人员工作系列讲话精神的贯彻落实，推动中央决策部署和省委省政府工作安排落地落实。第二，对离退休人员结构性变化进行定性和定量分析，深度剖析转型发展中存在的问题，为下一步深化转型发展实践提供思路和对策，使广大离退休人员更好地享受改革发展成果，提升其幸福感和获得感。第三，广大离退休人员在政治属性之外还有其社会属性，是老龄化大潮中的普通老年人。离退休人员工作的转型发展，可为应对人口老龄化提供有益借鉴，为下一步政府决策提供参考。

第二节　新时代离退休工作概述

一、离退休的内涵

“离退休”的概念最早出现于20世纪70年代末。离退休是指老年劳动者达到所从事职业规定的年龄和工龄等条件后脱离工作，享受社会保险和劳动补偿性质的养老待遇和权益的一种制度及由此而产生的一种社会行为。“离退休”概念的出现，主要基于以下社会条件：① 人的寿命延长，60岁以上老年人口快速增加；② 现代工业社会生产力提高，国家综合国力提升，有能力赡养数量较多的老年非劳动人口；③ 社会的发展，出现了社会保险或社会保障制度，为离退休人员提供了生活保障。

据有关资料显示，西方国家最早出现的对老年人丧失工作能力后给予救济的法令是1889年德国制定的《老年、残疾及死亡救济法》。此后，世界各国随着工业化和社会的发展，大多建立了一定范围的社会保险或社会保障制度。退休制度一般包括在社会保险或社会保障制度之内，是该类制度中有关老年人规定的部分。

中国从古代起就有官吏的致仕规定，俗称“告老”，约始于两汉时期，即凡达到一定官阶和年龄的官吏可告老退居休养，皇帝恩赐俸禄。1911年辛亥革命后，封建的致仕制度结束。1943年民国时期，国民政府曾公布过具有现代社会保障制度性质的《公务人员退休法》。中华人民共和国建立后，1952年政务院（现为国务院）公布《中华人民共和国劳动保险条例》，新中国劳动保险制度正式建立。1957年，国务院公布《关于工人、职员退休处理的暂行规定》。

离休是指离职休养。1980年，国务院公布《关于老干部离职休养的暂行规定》。离休年龄与退休年龄相同，少数职务高者延长5年。离休仅限于中华人民共和国成立前参加革命工作的老干部；离休后基本政治待遇不变，生活待遇略为从优。

退休是指退出工作岗位。退休必须满足一定的条件，如达到法定退休年龄和工龄等。退休领取社会保险养老金的条件是缴纳养老保险累计满15年，并且达到了法定退休年龄。不同地区不同行业对退休年龄的要求不同，由社会经济发展情况、工作性质、平均寿命等因素确定，一般为50~70岁。《国务院关于工人退休、退职的暂行办法》规定，符合下列条件之一的应该退休：① 男年满六十周岁，女年满五十周岁，连续工龄满十年的。② 从事井下、高空、高温、特别繁重体力劳动或者其他有害身体健康的工作，男年满五十五周岁、女年满四十五周岁，连续工龄满十年的（本项规定也适用于工作条件与工人相同的基层干部）。③ 男年满五十周岁，女年满四十五周岁，连续工龄满十年，由医院证明，并经劳动鉴定委员会确认，完全丧失劳动能力的。④ 因工致残，由医院证明，并经劳动鉴定委员会确定，完全丧失劳动能力的。

二、离退休人员的内涵

离退休人员是离休人员和退休人员的总称。

1. 离休人员

离休人员是指按照国务院有关文件规定，符合离职休养制度的人员。离休是我国干部退休制度的一种特殊形式，1978 年正式作为一项制度建立。离休是指对中华人民共和国成立前参加中国共产党所领导的革命战争（工作）、脱产享受供给制待遇的和从事地下革命工作的干部，达到离职休养年龄的，实行离职休养。离休范围包括：1949 年 9 月 30 日前参加中国共产党所领导的军队的干部；在解放区参加革命工作并脱产享受供给制待遇的干部；在敌占区从事党的地下革命工作的干部；在东北和个别老解放区，1948 年底以前享受当地人民政府制定的薪金制待遇的干部。离休年龄一般为 60 周岁，在一定职务以上的干部为 65 周岁；具有高级专业技术职务的人员的离休年龄，经主管部门批准，可以适当延长；在学术造诣上和国内外有重大影响的专家，经国务院批准，可暂缓离休，继续从事研究或著述等工作。

2. 退休人员

退休就是根据国家有关规定，劳动者因年老或因工、因病致残完全丧失劳动能力而退出工作岗位。退休人员分为三类：中华人民共和国成立前参加革命工作的老工人、退休干部和退休工人。

（1）中华人民共和国成立前参加革命工作的老工人是指参加革命工作基本情况和离休干部一样，但不是干部身份，他们的待遇次于离休，但是高于中华人民共和国成立后参加工作的人员。

（2）退休干部是指按照有关规定已办理退休手续的干部。包括：机关单位公务员、事业单位参照公务员法管理的退休人员，以及事业单位管理岗位和专业技术岗位退休人员；由省、市、县（市、区）党委管理的国有企业各级退休领导人员；不是省、市 、县（市、区）党委管理的国有企业中层及以上退休领导人员（含二级单位领导班子成员）。关于企业退休干部的认定，一般情况下以“在管理岗位上办理退休手续，由组织人事部门认定为干部的退休人员”为基本标准。

（3）退休工人是指以工人身份退休的退休人员。

三、离退休工作的内涵

离退休工作是国家人事管理工作的重要组成部分，承载着党对离退休人员的关心和爱护。因此，做好离退休工作具有重要的意义。

离退休工作所面临的问题复杂而多元，本书主要对离退休人员的服务、管理、党建工作进行叙述。

做好离退休人员服务工作主要有三个关键：一是倾力而为，认真抓好“两项待遇”的落实；二是竭尽所能，不断改善老同志的活动环境并开展活动；三是顺应形势所需，打造素质过硬的管理人员队伍。

进行离退休人员管理工作是为了确保离退休人员的政治待遇和生活待遇落到实处，为离退休人员的晚年生活提供保障，满足其实际需求。做好离退休人员管理工作需要做到以下几点：第一，建立健全相关机制，提高工作水平；第二，建立离退休人员活动中心，促进其身心健康；第三，加强离退休党支部建设，提高政治站位，积极开展社区服务，扩大管理范围。

习近平总书记指出：“只有党的各级组织都健全、都过硬，形成上下贯通、执行有力的严密组织体系，党的领导才能‘如身使臂，如臂使指’。”离退休人员党组织是基层党组织体系的有机组成部分，《中国共产党支部工作条例（试行）》中将离退休干部职工党支部单独列为一个领域，并提出了工作要求。深入贯彻新时代党的组织路线，提升离退休干部党建工作质量，具有重要意义。

四、国内外离退休工作研究概况

1. 国内研究概况

离退休人员相关制度，是根植于社会主义中国土地，适应我国革命、建设、改革各阶段实际情况逐步建立并发展完善起来的。这一制度从建立之初，就深深烙上了中国特色社会主义的印记。

关于离退休人员制度和历史沿革，臧朋伟认为，离休制度是在中国特殊时期作出的特殊人事制度安排，随着离休干部人数的不断减少，离休制度在完成历史使命后将走向终结。范蓉认为，离休制度是针对中华人民共和国成立前参加革命工作的老干部这一特殊群体设立的制度，是伴随着新中国的成长而不断发展完善的，离休的本质是国家对这一批老干部进行集中供养，让他们颐养天年。闫鸿博认为，我国的公务员退休制度存在优势，具有全面性的特点，且在逐步发展完善。

关于离退休人员服务管理工作的研究，张悦芳对上海市离退休干部管理存在的政治待遇落实、生活待遇落实、作用有效发挥以及退休干部管理等诸多问题进行剖析，并有针对性地提出意见和建议，对离退休干部管理进行了有益探讨。魏明对南昌市退休干部服务管理存在的主体模式、机构人员、思想政治管理、生活待遇管理、发挥作用管理、社会化服务管理等问题进行剖析，并借鉴国外经验提出加强退休干部服务管理的相应对策。黄婧从提高服务管理效率出发，探讨离退休干部政治待遇、生活待遇、作用发挥等方面存在的问题，并借鉴国外经验提出相应的对策建议。王欢欢深入剖析温州市离退休干部管理改革存在的问题，提出运用现代管理理念和管理手段推进离退休干部管理工作。

关于离退休人员社区服务的研究，何曙明着重分析推行党政机关社区化管理的必要性和可行性，认为我国目前的社区发展成熟度能够支撑离退休干部社区化管理。王冯雅楠认为，随着我国步入深度老龄化社会，推动离退休干部社区服务管理对政府制度创新、职能转变具有重要意义。孙东青认为，传统家庭养老模式受到挑战，机构养老又存在诸多发展困境，使得社区养老成为老年人的优选，借助互联网、大数据等信息技术能有效提升社区养老服务品质，为老年人提供优质、高效、精准的养老服务。

关于离退休人员社区医养结合的研究，目前我国养老机构工作人员综合素质整体不高，医养结合、医疗护理等专业化水平有限，甚至许多工作人员不具备相应的工作资质，在服务水平上与离退休人数不断发展的需要相比具有明显差距。徐菁认为，目前以“居家为基础，社区为依托，机构为支撑”的医养结合养老服务体系，在政策、制度、体系、人才等多方面出现了供需矛盾显著、资源分散、服务效率低、服务形式和内容单一、机构设施不完善等问题，严重影响了医养结合养老的进一步发展。

关于退休干部养老的问题，闫鸿博认为，目前公务员退休后，由于“单位人”管理模式的特殊性，服务管理工作呆板有余而灵活性不足，影响了退休人员的社会化。

关于离退休人员工作转型的研究，谢睿结合山东省各单位老干部工作转型的发展实践，梳理了工作转型的历史和重点概念，并从队伍建设、树立积极养老观、发挥余热、加强阵地建设、推进社会养老体系五个层面对转型发展进行了初步探讨，提出了意见和建议。

综上所述，目前国内对离退休工作的研究主要采用的是实证分析法，从具体工作内容的角度出发，拆分出具体的点进行研究，如离退休人员制度沿革、离退休人员的队伍建设、政治生活待遇的落实、作用的发挥等，此类研究中重复性和共识性的研究居多，对离退休人员工作转型发展的研究极少，仅仅是对日常服务管理工作的浅层次的转型总结，对转型发展理论方面的关注度不够，对转型发展方向的研究不深。

2. 国外研究概况

由于我国的根本制度是社会主义制度，离退休工作具有典型的中国特色，特别是离休干部工作，因此国外没有可借鉴的文献。同时，西方也没有退休干部的概念，公职人员退休后就成为“社会人”。退休干部服务管理工作对应到国外，就是文官退休管理制度。这一制度历经百年发展愈加成熟。

关于国外退休人员服务管理制度的研究，曹志在《资本主义国家公务员制度概要》一书中，对公务员的任用、工资福利、退休等环节在国别上进行了详细的比较和分析，开了国内学者研究西方公务员制度的先河。刘文瑞、刘尽、董燕翔在《管理社会的杠杆——当代西方公务员制度》一书中，以英、美、法、西德和日本这五个国家为对象，阐述了公务员的选拔任用、分类管理、权利义务、退休和管理机构等问题，为其他国家公务员制度的建立健全提供了借鉴。佟宝贵在《古今中外退休养老制度读本》一书中对西方养老制度进行了总结，发现西方国家普遍制定专门的退休法以保障公务员退休后待遇的落实，如《国家公务员法》（日本）、《联邦公务员章程法》（瑞士）、《联邦雇员退休制度》（美国）等。这些法律大同小异，有许多共通之处，即全方位地对公务员退休条件、退休待遇、退休金发放等作出了比较详尽的规定。20 世纪末日本颁布的《护理保险法》象征着日本开始实行全民性质的长期护理保险，该法律对医疗机构在退休人员养老中的职责作出了明确的规定，鼓励医疗机构主动承担起相关的责任和义务，并视情况给予一定补偿和奖励。

第三节　新时代离退休工作面临的新形势和新问题

一、年龄结构呈现老龄化

2020 年（第七次全国人口普查）全国人口为 14. 12 亿人，相较于 2010 年（第六次全国人口普查）增加了 7206 万人，增长了 5. 38%，年平均增长率为 0. 53%，相比 2000 年（第五次全国人口普查）到 2010 年（第六次全国人口普查）的年平均增长率 0. 57%下降了 0. 04 个百分点。数据显示，我国人口 10 年来持续保持低增速态势。显然，中国人口高速甚至于超高速增长的时期已渐行渐远，人口惯性增长阶段正渐趋尾声，人口零增长乃至负增长的时代已渐行渐近。官方预计，“十四五”时期将是 21 世纪最后一个人口完全正向增长的发展规划期，“十五五”时期将迎来中国人口总量的“拐点”。人口增长势头放缓甚至扭转，主要是出生人口数量下降的结果。

从人口结构看，近 10 年间，中国已跨过了第一个快速人口老龄化期，之后还需应对一个更加快速的人口老龄化期。第七次全国人口普查数据显示，全国 60 岁及以上的人口总量为 2. 64 亿人，已占到全国人口的 18. 70%（见图 1-3-1、表 1-3-1）。自 2000 年步入老龄化社会以来的 20 年间，老年人口比例增长了 8. 4 个百分点，其中，2010 年（第六次全国人口普查）到 2020 年（第七次全国人口普查）的 10 年间升高了 5. 44 个百分点，后一个 10 年的老年人口增量明显高于前一个 10 年，主要原因在于 20 世纪 50 年代第一次出生高峰所形成的人口队列相继进入老年期。而在“十四五”时期，20 世纪 60 年代第二次出生高峰所形成的更大规模人口队列会相继跨入老年期，使得中国的人口老龄化速度直线上升，老年人口年净增量由 21 世纪的最低值（2021 年出现）直接冲上最高值（2023 年出现）。

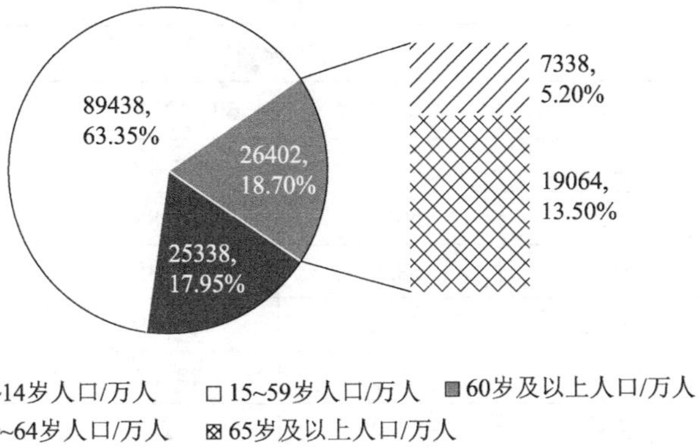

图 1-3-1 第七次全国人口普查公报——年龄构成

表 1-3-1 第七次全国人口普查公报——各地区人口年龄构成 单位:%

地区	比重			
	0~14 岁	15~59 岁	60 岁及以上	其中：65 岁及以上
全国	17.95	63.35	18.70	13.50
北京	11.84	68.53	19.63	13.30
天津	13.47	64.87	21.66	14.75
河北	20.22	59.92	19.85	13.92
山西	16.35	64.72	18.92	12.90
内蒙古	14.04	66.17	19.78	13.05
辽宁	11.12	63.16	25.72	17.42
吉林	11.71	65.23	23.06	15.61
黑龙江	10.32	66.46	23.22	15.61
上海	9.80	66.82	23.38	16.28
江苏	15.21	62.95	21.84	16.20
浙江	13.45	67.86	18.70	13.27
安徽	19.24	61.96	18.79	15.01
福建	19.32	64.70	15.98	11.10
江西	21.96	61.17	16.87	11.89
山东	18.78	60.32	20.90	15.13
河南	23.14	58.79	18.08	13.49

续表

地区	比重			
	0~14 岁	15~59 岁	60 岁及以上	其中：65 岁及以上
湖北	16. 31	63. 26	20. 42	14. 59
湖南	19. 52	60. 60	19. 88	14. 81
广东	18. 85	68. 80	12. 35	8. 58
广西	23. 63	59. 69	16. 69	12. 20
海南	19. 97	65. 38	14. 65	10. 43
重庆	15. 91	62. 22	21. 87	17. 08
四川	16. 10	62. 19	21. 71	16. 93
贵州	23. 97	60. 65	15. 38	11. 56
云南	19. 57	65. 52	14. 91	10. 75
西藏	24. 53	66. 95	8. 52	5. 67
陕西	17. 33	63. 46	19. 20	13. 32
甘肃	19. 40	63. 57	17. 03	12. 58
青海	20. 81	67. 04	12. 14	8. 68
宁夏	20. 38	66. 09	13. 52	9. 62
新疆	22. 46	66. 26	11. 28	7. 76

按照联合国人口统计学标准，60 岁以上人口超过总人口的 10%即为老龄化社会。而在第七次全国人口普查中，我国 60 岁及以上人口占全国人口的 18. 70%。由此可知，我国目前已经处于深度老龄化阶段。以江苏科技大学为例，截至 2021 年底，离退休人员共有 1152 人，其中 65 周岁以上的为 875 人，占离退休人员总数的 75. 95%。其中，多数离退休人员处于“双高”期，即“年龄偏高、患病率高”，参与社会活动的能力不断弱化，社交范围非常有限，在经济转轨、社会转型和角色转换的过程中，老同志们在思想上和心理上容易产生焦虑和困惑。

二、人员结构呈现多样化

高校不同于普通企业，也不同于政府部门，高校是具有行政级别的事业单位，因此高校离退休人员中的群体类别繁多。以江苏科技大学为例，按照退休类型可分为离休干部、退休人员，各为 14 人、1138 人，分别占离退休人员总数的 1. 22%、98. 78%；按照行政级别可分为厅级及以上干部、处级干部、科级干部、科员及其他人员，各为 15 人、125 人、148 人、864 人，分别占离退休人员总数的 1. 30%、10. 85%、12. 85%、75. 00%；按照职称等级可分为正高级、副高级、中级、初级及其他，各为 89 人、214 人、174 人、675 人，分别占离退休人员总数的 7. 73%、18. 58%、15. 10%、58. 59%；按照人员身份可分为干部、工人，各为 748 人、404 人，分别占离退休人员总数的 64. 93%、35. 07%（见图 1-3-2）。由于他们在职务、职称、身份等方面存在差异，其思维方式和服务诉求也不尽相同，这对离退休工作的服务管理水平提出了更高要求。高校离退休人员长期从事教学科研工作，与其他单位的离退休人员群体相比，最突出的特点是拥有高职称、高学历的人数较多。例如，在江苏科技大学 1152 名离退休人员中，拥有高级职称的占 40. 36%（初级、中级、高级职称 731 人，占 63. 45%），拥有本科以上学历的占 37. 07%。大部分人员都在某个学科领域有所建树，相比而言，他们更具有独立思考的能力，更善于发现和研究问题。

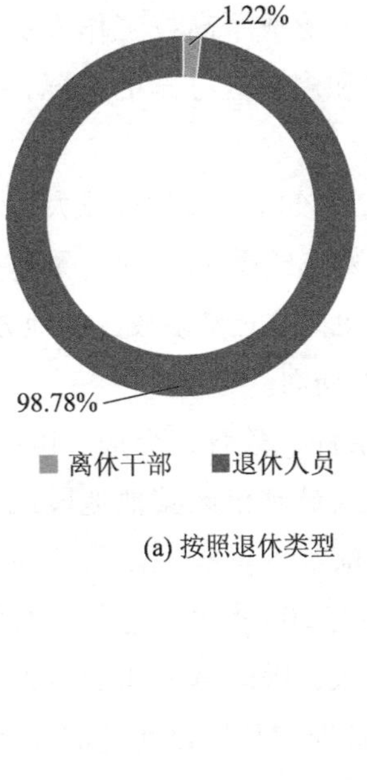

(a) 按照退休类型

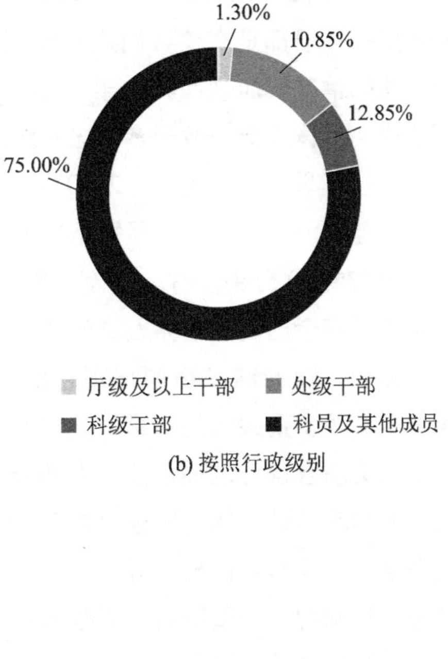

(b) 按照行政级别

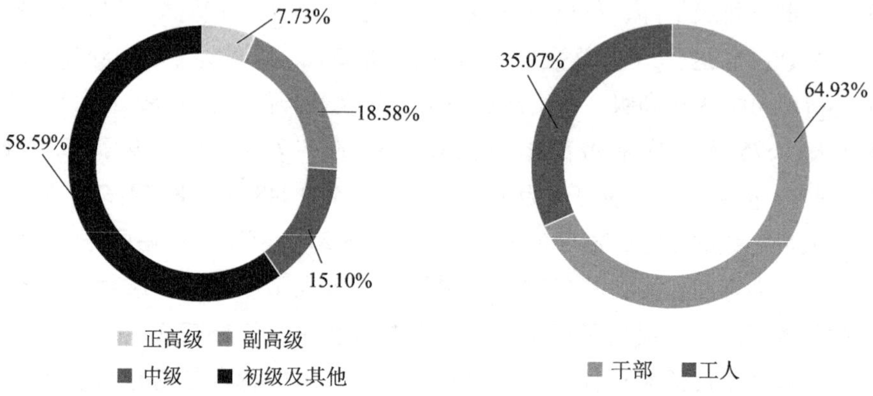

(c) 按照职称等级　　(d) 按照人员身份

图 1-3-2　江苏科技大学各类离退休人员占比

三、居住地呈现分散化

1998 年国家住房制度改革之前，我国实行的都是“福利分房”制度。高等院校一般都是在校区周边建设家属区，客观上形成了高校工作人员集中居住的情况。而现在，由于很多高校存在合并和多校区办学的情况，因而造成离退休人员分散于多个居住地的现实局面。

以江苏科技大学为例，2020 年学校搬迁到长山校区。江苏科技大学长山校区与梦溪校区之间的最短路程为 16. 5 公里，驾车约需 36 分钟，乘坐公交车则需要 50 分钟左右。学校大多数老师居住在更为靠近梦溪校区的地方，若干年后将会出现离退休人员分散于多个居住地的局面。

另外，随着商品房的出现，出于改善居住条件、教育、交通、医疗、靠近子女等多重因素的考虑，越来越多的离退休人员到市区其他地段或外地购买更适合自己的商品房，甚至出国定居。目前江苏科技大学居住在镇江市的 908 名离退休人员分散在 30 多个小区，还有 200 多名离退休人员分散在全国各地乃至国外，导致老同志之间联系分散，随时掌握离退休人员情况受到制约，严重影响了离退休人员的常规化管理和常规化活动的开展，服务与管理的难度很大。

四、家庭结构呈现空巢化

空巢老人已经成为我国的一类特殊群体，无论是在城市还是在农村，空巢老人的比例都在不断增长。空巢老人是指没有子女照顾、单居或夫妻双居的老人。一般分为三种情况，一是无儿无女无老伴的孤寡老人，二是有孩子但与其分开单住的老人，三是孩子远离在外地，不得已寂守空巢的老人。

有数据显示：2000—2010 年，我国城镇空巢老人比例由 42% 上升至 54%，农村则由 37.9% 上升至 45.6%。2020 年，我国空巢老人人口数为 1.18 亿。可以预见，随着第一代独生子女的父母陆续进入老年，2030 年我国空巢老人人数将增加至 2 亿多，占老年人口总数的九成。

随着我国快速进入老龄化社会，60 岁以上的老年人口数量增多，独居、孤寡的空巢老人数量也呈快速增长趋势（见图 1-3-3、图 1-3-4）。

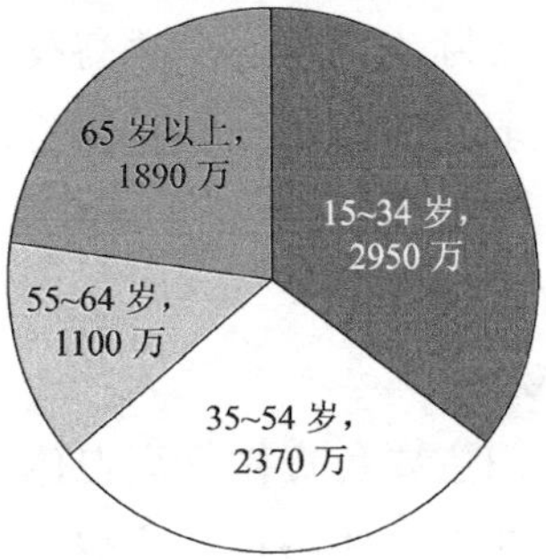

图 1-3-3 中国独居人数比例

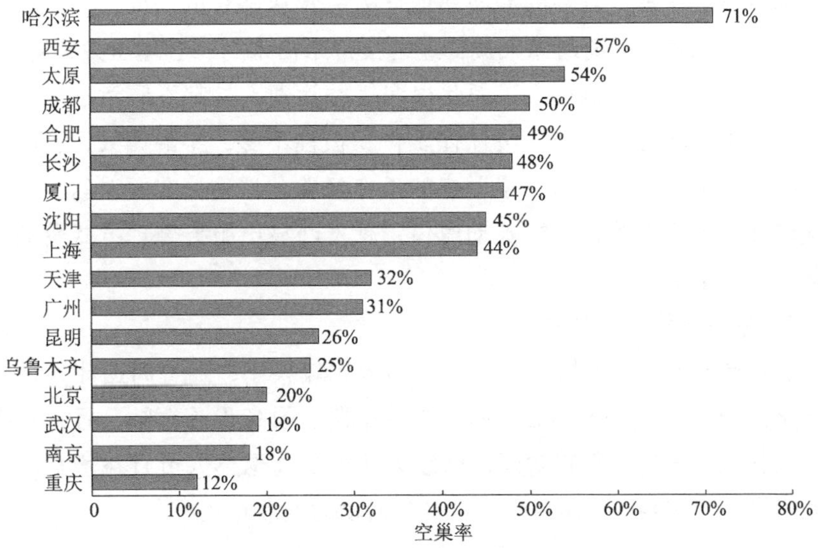

图 1-3-4 部分一、二线城市空巢率

作为教育工作者的高校教师，大多对子女教育特别重视，他们的子女大多接受过高等教育，毕业后很多人选择在国内大城市或国外工作生活。同时，由于在生活方式、生活习惯等多方面存在差异，高校离退休人员很少选择与子女共同居住，导致空巢家庭数量明显增加。目前，江苏科技大学空巢家庭占比约为81%。

五、高校离退休工作的新问题

1. 离退休工作地位弱化

人才培养、科学研究、社会服务、文化传承创新和国际交流合作是高等院校的五大功能，这些功能的实现质量直接关系到学校的长远发展，是所有工作的重中之重。在实际工作中，少数高校领导片面地认为离退休工作与学校中心工作关联度弱，离退休工作不像学科建设等可以用硬指标来量化，往往是通过软指标来定性的，因此对离退休工作的开展不够重视，满足于只要不影响工作大局即可。

2. 服务管理水平落后

高校的离退休管理部门主要负责做好离退休人员服务管理工作，不直接参与学校中心工作，因此在一些高校往往被边缘化，相对于学校其他部门处于“弱势”地位，在人员编制、岗位设置、经费预算等方面无法充分满足离退休工作日益复杂的局面和退休人数快速增长的需要。由于必须直接面对年龄比较大的离退休人员，经常接待来信来访，心理压力普遍过大，服务管理的工作压力也很大，因此很多优秀管理人员都不愿意从事离退休工作。而现有离退休工作人员往往工作积极性不够，年龄偏大，且缺乏创新精神，常常满足于日积月累形成的工作经验和惯例，在面对新情况、新问题时往往束手无策，只能被动应付，越发凸显出服务管理方式落后，离退休工作水平不高。

3. 服务设施落后欠缺

通常情况下，离退休人员的活动场地比较狭小，随着离退休人员数量的与日俱增，人均可使用活动面积直线下降，设备设施短缺，且存在老化现象，甚至完全丧失原有功能，已经无法满足离退休人员日益增长的日常活动需求，严重制约了离退休人员日常活动的正常开展。

4. 离退休人员对学校心理依赖强

目前高校绝大多数离退休人员的成长、工作都是在国家计划经济时代完成的，他们的工作、分房等都是由组织和单位统一分配或安排的。在长期的工作、生活过程中，他们为所在高校作出了积极的贡献，同时也建立了深厚的感情，并产生了深深的依赖。退休后，他们在遇到身体不适、家庭矛盾和物业等方面的任何困难时，往往根据“自己是学校的人”“有事找组织”等“老经验”，理直气壮地向学校离退休部门寻求帮助，希望学校无条件地给予解决，有时限于国家体制机制的改革和离退休工作部门的工作范围等多方面原因，当诉求无法得到满足时，他们就会对学校产生负面甚至对立情绪。

5. 来信来访不断

改革开放以来，我国国民经济持续快速发展。随着我国全面深化改革进入深水区和攻坚期，各种新情况新问题层出不穷。高校离退休人员大多知识广博，掌握政策的水平也较高，甚至具有参政议政的能力。这些自身水平较高、参与意识较强的老同志，不仅关注国家的改革和发展，而且关注学校的改革和发展，对住房、工资福利改革、医疗改革和后勤服务等与自身利益攸关的方面持有较多诉求，且存在以偏概全的个别现象，通过寻求省内外个案作为参照系并加以比较，希望学校对他们的要求都予以满足，不能得到满足的往往有持续信访的现象；同时，相关职能部门未能对学校就事关教职工利益出台的相关制度文件做好充分宣传解释工作，因为误会而造成的信访也时有发生。

第四节　开拓高等院校离退休服务管理工作的新思路

一、全方位提高对离退休工作重要性的认识

离退休工作是一项政治性、政策性、责任性都很强的工作，是党的组织工作和中国特色干部人事工作的重要组成部分。在新形势下，老干部工作只能加强、不能削弱。离退休工作毫无疑问是学校工作的重要组成部分，所有高校都应该把离退休人员的服务管理工作摆在重要位置，在机构设置、人员配备、经费保障等方面保证离退休工作的需要，保证离退休活动正常开展。由于离退休工作质量事关学校的稳定和发展，乃至社会的稳定，因此必须给予足够重视，扎扎实实推进工作落实。

二、围绕学校中心工作加强思想政治引领

做好广大离退休人员的思想政治工作是离退休工作的核心，要关心落实老同志的政治待遇和生活待遇，及时了解掌握老同志的思想动态，帮助老同志排忧解难，化解矛盾。注重发挥党组织作用，坚持党组织生活制度，召开党工委委员会议、支部书记每月例会，开展形式多样的党组织活动，进一步发挥离退休党工委的政治核心作用、党支部的战斗堡垒作用和党员的先锋模范作用，增强凝聚力、战斗力。同时，引导老同志正确对待全面深化改革中涉及自身利益的调整，以积极的心态适应社会发展，正确看待个人得失，全力维护离退休人员的思想稳定，保证学校的和谐与稳定。

三、加强离退休工作队伍能力建设，创新服务管理体系

首先，要牢固树立服务管理意识，以加强机关作风建设为目的，定期组织人员学习和培训，增强做好工作的荣誉感和责任感，虚心听取老同志的意见和建议，进一步优化各类工作程序，规范工作流程，编制和完善工作流程图，建立规范化、流程化的服务管理体系，进一步拓宽视野、开阔思路、开动脑筋，努力增强开展工作的主动性和积极性。其次，要重视离退休部门工作人员个人的成长进步，充分调动他们的工作积极性和主动性，让他们感觉到成长发展有空间、事业有奔头，打造一支讲政治、重感情、业务精、作风好、团结和谐的离退休工作队伍。最后，根据实际情况，以相邻楼栋为基本单位分片建立离退休工作小组，在身体健康、服务热心、综合素质较好的老同志中选择小组组长，建立兼职离退休工作队伍，作为加强离退休人员和学校联络的桥梁。

在服务管理工作中，应尽量避免指令性的工作方式，对老同志始终保持敬重之心、倾注关爱之情、多做务实之事，力求做到“三心三勤”。三心：对老同志的生活、身体健康要关心；给老同志解答问题要耐心；帮助老同志解决困难要诚心。三勤：勤与老同志谈心，随时了解他们的具体情况和想法；勤向有关部门反映老同志的意见和建议；勤向老同志宣传党的方针政策，介绍学校的建设和发展状况，以利于疏通思想政治工作渠道。

四、创新服务平台，提高工作效率

按照“互联网+”思维，建立微信公众号、微信群、QQ 群等信息化服务平台，积极拓宽新媒体传播渠道，完善、丰富信息平台内容，及时将信

息传达给每位老同志，确保信息服务的及时性和精准化；按照老同志的兴趣爱好，以“健康、快乐、和谐、安全”为宗旨，建立“夕阳红”兴趣协会，为老同志老有所乐提供良好的平台；搭建“科教平台”，定期举办健康知识、医疗保健、老年心理学、科技普及、时事政策、先进事迹等方面的讲座，传播社会正能量，提升老同志的品位，陶冶老同志的情操，丰富老同志的精神生活。

五、发挥老同志的优势特长，传播正能量

高校离退休老同志拥有丰富的人生阅历、社会认知、科学技术知识、工作经验等，这是不可替代的宝贵财富。实施“银发人才”工程，注重离退休人力资源的开发与运用，不仅可以帮助老同志实现个人价值，还可以舒缓人才引进的压力，有助于提升城市和高校的核心竞争力。在学校报纸等媒体上专门开辟宣传老同志风采的专题栏目，通过收集展现老同志先进典型、模范风采等的各类主题稿件，突出老同志在国家进步和学校发展建设过程中发挥的重要作用，营造良好的舆论氛围，传播正能量。组建数量充足的专家队伍，利用他们在教学科研等方面的特长，建立各类帮扶平台载体，充分发挥他们在青年教师培养、教学督导和学生成长成才等方面的独特作用。定期组织具有专长的老同志深入农村、社区、企业、学校，开展力所能及的服务地方、服务群众、服务企业、弘扬主旋律的活动。

六、打造丰富多彩的活动品牌

组织开展丰富多彩的文体活动，促进老同志身心健康。把各类活动按照老同志的需求与“健康、快乐、和谐、安全”的理念结合，在政策允许的范围内，保障活动的经费投入，不断提升老同志的满意度，将文体活动打造成老同志喜闻乐见的活动品牌；针对老同志的身体状况和上级部门的要求，采取平时慰问与重要节假日定期慰问相结合等多种方式开展送温暖活动，让老同志感受到集体的关怀和组织的温暖，促进学校和社会的和谐。

七、妥善处理信访接待工作

认真对待老同志的来信来访，解答问题时必须细致耐心，帮助老同志解决困难必须发自内心，设身处地为他们着想，对老同志提出的问题或困难，能解决的应及时解决，不能解决的，要根据情况做好梳理，进行分类汇总并向相关部门反映，同时耐心细致地做好后续事宜的解释工作。

综合上述，离退休工作是个系统工程，必须紧紧依靠社会资源，密切联系社区。高校服务老同志还具有众多学生志愿者等优势，对空巢老人以大学生志愿服务为主开展形式多样的“老少结对子”志愿服务，同时密切关注社会养老的发展，依靠养老机构购买服务，理顺关系，整合资源，分工合作，各司其职，形成合力，构建离退休工作服务管理多层次、多元化、可选择的服务体系。

第二章　新时代离退休工作制度

第一节　制度的形成与演变

在中华人民共和国成立前就已经有了“老干部”的概念。追溯党的历史，老干部工作作为党的建设事业的重要组成部分，始终得到党和国家领导人的重视。1942 年 2 月，毛泽东在《整顿党的作风》一文中指出：“我们党如果没有广大的新干部同老干部一致合作，我们的事业就会中断。”1939 年 12 月，时任中央组织部部长的陈云在中国共产党陕甘宁边区第二次代表大会上发表讲话，指出“干部队伍的建设是党的建设中的一个重要方面”。接着，他就干部队伍建设提出几点意见：第一点，提高老干部的政治文化水平；第二点，提拔新干部和加强老干部的团结。1942 年 10 月，陈云在《关于干部问题》的讲话提纲中指出，老干部是我党我军之骨干，现在应注意几个问题：不要卖老资格；要提高文化；要主动团结新干部。在党的各个历史时期，尊重老干部、爱护老干部都是我党的优良传统。随着干部新老交替，老干部工作的思想理论不断丰富，政策体系不断完善，组织机构日益完备。

一、离休制度的形成与演变

1. 离休制度的雏形

重视、关怀、爱护老干部是我党一贯的优良传统。1958 年 6 月，中共中央发布的《关于安排一部分老干部担任各种荣誉职务的通知》（以下简称《通知》）中正式提出了“老干部”的概念，《通知》规定：第二次国内革命战争期间及在这以前参加革命工作的老同志，现在做县委部长以上的工作，思想作风较好，但因年老体弱担负实际工作确有困难的，可以采取调离现任工作、工资照发、长期供养的办法来安排。

1963 年 10 月，内务部（1969 年已撤销）《关于符合长期供养条件人员退休时其退休费标准问题的通知》中进一步指出：国家机关和事业单位的工作人员中，根据1958年《关于安排一部分老干部担任各种荣誉职务的通知》第六条规定，长期供养的人员，如果同意回原籍居住，可以办理退休手续，退休费一律按照本人工资的百分之百发给。退休费的支付，公费医疗待遇及其他生活待遇，均照退休人员的有关规定办理。

1963年12月，中央书记处会议决定：中央机关正副部长和省委书记、候补书记一级的领导干部，凡是年老体弱或长期患病而不能担任实际领导工作的应当坚决采取离职休养、退休、担任荣誉职务等办法安排。离职后，原来的一切政治、生活待遇不变。这里开始使用“离职休养”的表述。至此，干部离休制度已初具雏形。

2. 离休制度的正式建立

粉碎“四人帮”后，中华人民共和国成立以前参加革命的老干部，已经离退休的只是少数，不少年事已高的老同志仍担任着各级领导职务，领导班子老化现象严重。因此，建立正常的离退休制度、妥善安排新老干部实行适当的交替，成为新时期党和国家干部制度根本改革的重要组成部分。

1978年5月，第五届全国人民代表大会常务委员会第二次会议原则批准《国务院关于安置老弱病残干部的暂行办法》和《国务院关于工人退休、退职的暂行办法》两个文件。同年6月，国务院颁布了《关于安置老弱病残干部的暂行办法》，放宽了离职休养的老干部范围，具体规定为：丧失工作能力，1949年9月底以前参加革命工作的地委正副书记、行政公署正副专员及相当职务以上的干部；1942年底以前参加革命工作的县委正副书记、革命委员会正副主任及相当职务的干部；1937年7月7日以前参加革命工作的干部，可以离职休养，工资照发。

建立老干部离休制度，对我党兴旺发达、国家长治久安、社会主义现代化建设宏伟目标顺利实现具有重要意义。由于其复杂性所在，在经过两年的深入调查研究后，国务院于1980年10月公布了《关于老干部离职休养的暂行规定》，对离休实施范围及人群、安置办法、待遇标准、经费来源等做了系统明确的规定，标志着离休制度的初步建立。其主要规定如下：

（1）实施范围及人群：第一、二次国内革命战争时期参加革命工作的干部，抗日战争时期参加革命工作的副县长及相当职务或行政十八级以上的干部，中华人民共和国成立以前参加革命工作的行政公署副专员及相当职务或行政十四级以上的干部，年老体弱、不能坚持正常工作的，应当离休。本规定自颁发之月起实行，适用于党政机关、人民团体和全民所有制企业、事业单位的干部，以及因工作需要由组织委派到集体所有制企业、事业单位工作的国家干部。

（2）安置办法：干部离休，由所在单位按照干部管理权限，报任免机关批准。离休干部一般可就地分散安置，也可在本人原籍或配偶所在地安置。国家鼓励离休干部到农村或中小城镇安家落户。跨省安置的，由两省协商解决。对要求到北京、天津、上海安置的，要从严控制。对离休干部的管理，就地安置的，由原单位负责；易地安置的（包括军队已转地方的），由接受地区的干部、人事部门负责，必要时可建立小型干部休养所。

（3）待遇标准：干部离休后，原标准工资（含保留工资）照发，福利待遇不变。其他各项生活待遇，都与所在地区同级在职干部一样对待，并切实给予保证。医疗、住房、用车、生活品供应等方面，应当优先照顾。干部休养所和直接管理离休干部较多的部门，要配备必要的车辆，为离休干部服务。

（4）经费来源：离休干部单列编制。离休干部需要的各项经费，由原单位支付。跨省安置的，由原单位拨交接受地区的干部、人事部门掌握支付，医疗费用由原单位负责报销；过去已由接受地区负责支付的，应当由接受地区干部、人事部门列预算支付。

此外，各地区、各部门要加强对离休干部工作的领导。县以上的部门要有一名领导同志分管，干部、人事部门和其他有离休干部的单位，应当根据情况，配备专职或兼职干部，注意与有关部门密切配合，共同做好这项工作。

3. 离休制度的继续完善

（1）从十一届三中全会到六中全会，我党取得了一些卓有成效的工作成就，中国共产党胜利完成指导思想上的拨乱反正，党的思想、政治和组织状况大为改善，安定团结的政治局面大为巩固。在此背景下，中共中央认为，将新老干部适当交替的问题提到全党的重要议事日程上来，有秩序、有步骤地加以妥善解决的时机和条件已趋向成熟。因此，1982 年 2 月，中共中央颁发《关于建立老干部退休制度的决定》（以下简称《决定》），标志着退休干部制度的正式建立，其中也对老干部离休制度进行了相应的完善。《决定》指出，建立老干部离休退休和退居二线的制度，是保障党和国家政治生活正常进行和健康发展的一项极其重要的制度，必须立即着手有系统地建立和健全起来，使之经常化，并且严格地加以实行。

① 老干部离休退休年龄的界限，考虑到当前干部的实际状况和接替条件，应当规定：担任中央、国家机关部长、副部长，省、市、自治区党委第一书记、书记，省政府省长、副省长，以及省、市、自治区纪律检查委员会和法院、检察院主要负责干部的，正职一般不超过 65 岁，副职一般不超过 60 岁。担任司局长一级的干部，一般不超过 60 岁。个别未到离休退休年龄，但因身体不好，难以坚持正常工作的，经过组织批准，可以提前离休退休。个别虽已达到离休退休年龄，但因工作确实需要，身体又可坚持正常工作的，经过组织批准，也可以在一定时间内暂不离休退休，继续担任领导职务。

② 老干部离休退休以后，一定要很好地安排照顾，基本政治待遇不变，生活待遇略为从优，并注意很好地发挥他们的作用。这应当成为我们党和国家坚定不移的政策原则之一。

（2）因离休制度的复杂性，为妥善解决在贯彻落实的实践中出现的新问题，国务院于 1982 年 4 月颁布了《关于老干部离职休养制度的几项规定》，文件明确提出：对中华人民共和国成立前参加中国共产党所领导的革命战争、脱产享受供给制待遇的和从事地下革命工作的老干部，达到离职休养年龄的，实行离职休养的制度。已经退休的干部，符合本规定的，应当改为离休。相关内容如下：

① 老干部离休的年龄为：中央、国家机关的部长、副部长，省、市、自治区党委第一书记、书记、副书记和省、市、自治区人民政府省长、市长、主席、副省长、副市长、副主席及相当职务的干部，正职年满 65 周岁，副职年满 60 周岁；中央、国家机关的司局长、副司局长，省、市、自治区党委部长、副部长和省、市、自治区人民政府厅局长、副厅局长，地委书记、副书记和行政公署专员、副专员及相当职务的干部，年满 60 周岁；其他干部男年满 60 周岁，女年满 55 周岁，身体不能坚持正常工作的，可提前离休；确因工作需要，身体又能坚持正常工作的，经任免机关批准，可适当推迟。

② 老干部离休后基本政治待遇不变，生活待遇略为从优。1921 年 7 月

1日到1949年9月30日各个革命时期参加革命工作的老干部，离休后原工资照发；1945年9月3日前参加革命工作的还可以按照不同情况增发两个月、一个半月、一个月的工资作为生活补贴。但行政八级和相当于八级以上（含八级）的老干部离休后，不增发生活补贴。

（3）为了加强离休制度乃至老干部工作的管理，中央要求各级党委建立健全老干部工作机构，专司此事。1983年4月，中央组织部在九省市老干部工作座谈会上正式对离休干部管理体制作出了明确的规定：为了适应大批老干部退下来，便于加强党委对老干部工作的领导，各省、市、自治区的老干部工作机构，宜统称老干部局，列为省市区党委的部、局级机构，归口省市区党委组织部。随后，在中央组织部召开的老干部工作座谈会上，又明确规定离休干部归党委的老干部局。

至此，经过党和政府的不懈努力，老干部离休制度最终建立，为之后离休制度的完善打下了基础，对于国家的长治久安具有重要的现实意义和历史意义。

二、退休制度的形成与演变

（一）退休制度的起源

退休制度主要起源于西方，但它也不是随着一部法规的颁布就建立起来的，而是经历了从萌芽、初创到普及的发展过程。

19世纪，老年人的收入保障主要来源于家庭内部的照料、赡养及公共部门的贫困救助，养老金市场主要是补充型的，这反映了当时社会经济发展的状况。

首先，从社会结构看，19世纪的人口大部分仍属于农村人口，人们对于年老后的工资或者保险收入的需求并不迫切；从人口结构看，19世纪人均预期寿命在50岁以下，到了19世纪末20世纪初，20岁的人预期寿命几乎不超过60岁，老年人的比例很小，未形成对社会养老保障的强烈需求。

其次，从当时所盛行的自由主义思潮看，自由主义把退休制度视作对其主张的腐蚀。主流的思维方式认为，个人应自觉主动地预见未来，以免落入贫困的危险。另外，政府只需要对最贫困的人实行有限的救济。因此退休制度也就发展得非常缓慢。

1825年，普鲁士王国为其政府职员建立了历史上第一个强制性的养老金年计划。后来，强制性养老金计划的覆盖面逐步扩大，拓展到各行各业。

1889 年出台的《老年和残疾社会保险法》规定，凡缴纳 30 年保险金，年收入低于 2000 马克的 70 岁工人就可以领到养老金。这个法令的目的是稳定普鲁士王国国内政治形势，缓解当时工人运动的压力，防止社会主义政党在工人阶级的支持下成为执政党。

储蓄即功德的信念在各国都普遍存在。早在英国维多利亚时代就有学者指出：从 20 岁起，每周节省 3 个便士，到了 65 岁，每周就可以得到 5 先令，即一个工人收入的 1/4。法国学者在 19 世纪就提出，一个勤劳的人有两种选择：一是在某个机构存钱，然后获取利息；二是向某机构支付一笔钱，到年老时领取终身养老金。但这两种方式对于真正的工人来讲是一种空谈，因为他们拿不出额外的钱进行储蓄。

一些教会组织会采用向穷人尤其是待其进入老年之后进行救济的做法，同时有些企业雇主也开始采取一种将从一开始就应给雇员的额外报酬等到他们离开时再支付的做法。在某些工业或农业中心，这笔钱的支付渐渐地成了一种惯例。从实际所产生的效果看，这笔钱可以视作退休金。但它产生的作用，大部分归于企业，一方面可以让职工与企业融为一体，形成一个稳定的“内部劳动力市场”；另一方面企于可以将这笔转移支付的资金用于投资。有些公司甚至将退休金当成保证职工忠诚的手段。而工人则认为，有了这笔钱，其年老后的生活就有了基本保障。德国俾斯麦政府将一些大企业里已经存在的退休金做法制度化，通过国家立法兴办社会保障，以缓解国内工人运动的压力，满足企业和工人双方的利益诉求。

到了 20 世纪的前 30 年，大多数国家男性的预期寿命增加了 10 岁，65 岁及以上的公民数量逐渐增加。首先，随着工业化进程的加快，农村劳动力迅速向城市转移，雇用工人的数量急剧增加，传统的家庭养老难以满足这种情况下的养老需求，社会养老制度化的需求日益增长。其次，随着生产方式的转型，人们越来越重视先进科技手段的运用与管理方式的改进，促进了年老工人从劳动大军中正常退出的理念日趋形成。最后，对养老保障的社会需求转化为政治上的要求，工人阶级的壮大使得工人的权利要求成为各国政治上不能忽略的利益诉求。

1945 年，第二次世界大战之后，西方许多国家受到来自两方面的影响：一是英国人贝弗里奇 1942 年制定的方案《社会保险及有关福利问题》的影响，其主张“让人们对基本需求没有后顾之忧”；二是凯恩斯理论的影响，他的理论后来导致了支持经济活动政策的制定。

1946 年，英国政府实现了社会保障的普及，之后法国、美国等西方国家都建立了全面的社会保障制度。20 世纪 40 年代末到 70 年代初，是西方国家社会保障发展的鼎盛时期。

20 世纪 70 年代，由于严重的经济危机，财政和税收负担加重，西方各国的公共养老金制度受到了致命的打击，同时养老金的受益年龄又不断呈现出减小的趋势。于是各国从 80 年代末开始进入了养老金制度的改革阶段，开始由现收现付制向基金制转型。

人口老龄化不断加剧，退休制度亟须改革。随着经济的发展，出现了就业压力增大或严重的失业问题，各国逐渐采取了降低退休年龄这一措施，以缓解严重的失业问题。

实践表明，骤然采取的降低法定退休年龄的政策，不但没有解决失业问题，反而给各国政府带来了养老金支付的巨大压力。因此，这些国家又必须得研究和修改有关立法，逐步提高法定退休年龄。美国的法定退休年龄是最高的，早在 1983 年美国就通过法案，于 2000—2010 年间将 65 岁的法定退休年龄逐步提高到 67 岁。意大利 1992 年立法规定，在一个较长时期内将退休年龄从当时的 60 岁提高到 65 岁。日本 20 世纪 90 年代初社会保险制度改革的重要内容之一，就是将退休年龄由 80 年代确定的 60 岁逐步提高到 65 岁，同时着力研究适应老龄化的劳动就业制度。德国 1992 年实施的养老保险改革法案规定，在 2000—2010 年间将法定退休年龄从 60 岁提高到 65 岁。

（二）中国退休制度的演进

1. 中国退休制度的初创阶段

（1）退休制度建立的开端

1950 年 3 月，中央人民政府政务院财政经济委员会（1954 年已撤销）发布《关于退休人员处理办法的通知》，此后陆续作出多次修订。这是中华人民共和国成立之后发布的第一个关于退休以及养老方面的法规，标志着我国政府开始主导职工退休、养老方面的社会保障事业，但它的适用范围限定在中华人民共和国成立前就有退休金的单位体系中，如铁路、海关、邮局等。

（2）退休制度建立的标志

1951 年《中华人民共和国劳动保险条例》（以下简称《劳动保险条例》）的颁行，标志着我国职工养老保险制度的建立。该条例虽然不是一部专门的关于职工退休养老的法规，却是中华人民共和国成立后第一个内容完整的社会保险法规，它对职工的退休养老、疾病医疗、工伤待遇、生育待遇等多项社会保险及其管理都作了规范，标志着中华人民共和国劳动保险制度的确立，职工的退休养老保障是其中极为重要的内容。

当时，由于中华人民共和国刚刚成立，百废待兴，因此只有 100 人以上的企业单位及其附属单位实行退休职工养老保险制度。虽然当时 100 人以上的企业不多，但其职工人数却占全国职工总数的很大比例。根据 1952 年底的统计，当时实行《劳动保险条例》的企业共有 3861 个，职工 302 万人，包括他们供养的直系亲属在内的参保人员约有 1000 万人，企业支付的保险金总额为 1.7 亿元。

当时《劳动保险条例》具体规定的退休条件为：① 男年满 60 岁，一般工龄 25 年，本企业工龄 10 年；② 女年满 50 岁，一般工龄 20 年，本企业工龄 10 年；③ 从事井下、高空、高温工作的职工，退休年龄提前 5 年，工龄 1 年按 1 年 3 个月计算；④ 从事有害健康的化工、兵工工作的，退休年龄男提前 5 年，女提前 10 年，工龄 1 年按 1 年半计算。在待遇方面规定，退休费标准为本人标准工资的 35%~60%。

（3）退休制度实施范围的扩大

1953 年，国家的经济状况逐步好转，开始执行发展国民经济的第一个五年计划。为了适应大规模经济建设发展的需要，政务院（现国务院）对《劳动保险条例》进行修改，于 1953 年 1 月发布了《关于中华人民共和国劳动保险条例若干修正的决定》，随后劳动部（现劳动和社会保障部）发布该条例实施细则的修正草案，并与中华全国总工会联合发布了修正有关劳动保险待遇支付的通知，适当地扩大了《劳动保险条例》的实施范围，放宽了退休条件，并酌情提高了保险待遇标准。

① 扩大实施范围。1953 年，《劳动保险条例》将实施范围扩大到了工厂、矿场、交通事业的基本建设单位和国营建筑公司。1956 年，《劳动保险条例》将养老保险范围扩大到了商业、外贸、粮食、供销、合作、金融、民航、石油、地质、水产、水利、国营农牧场、造林等 13 个产业和部门。

至此，全国实行《劳动保险条例》的职工达到了1600万人，享受保险待遇的职工人数相当于当年国营、公私合营、私营企业职工的94%。

② 放宽退休条件。在一般工龄不变的前提下，将本企业的工龄由原先的10年缩短到5年，并细化了提前退休的规定，主要细化了高温、低温的具体指标，将提前退休的工作环境细化为“矿井下或固定在华氏32度以下的低温工作场所或华氏100度以上的高温工作场所”。另外，在从事有害身体健康工作可以提前退休的工种中增加了“提炼或制造铅、汞、砒、磷、酸的工业”。

③ 提高退休待遇。《劳动保险条例实施细则修正草案》中规定，工人职员退职养老时，应按月付给退职养老补助费：本企业工龄已满5年未满10年者，付给本人工资50%；已满10年未满15年者，付给本人工资60%；已满15年及15年以上者，付给本人工资70%。符合退休规定的工人，因企业需要留其继续工作者，除工资照发外，另按月付给在职养老补助费：本企业工龄已满5年未满10年者，付给本人工资10%；已满10年未满15年者，付给本人工资15%；已满15年及15年以上者，付给本人工资20%。对于因调动工作而工资降低的工人职工，如其工资降低至该企业的平均工资以下，在退职养老时，其退职养老补助费应按企业的平均工资计算。

④ 设立并行条例。企业实行《劳动保险条例》，国家机关和事业单位工作人员适用《国家机关工作人员退休处理暂行办法》，机关工作人员的退休条件和退休待遇不同于企业职工规定。如：在女职员退休年龄上，企业规定为50周岁，而机关规定为55周岁；在退休待遇上，机关为本人工资的50%~80%，而企业为本人工资的50%~70%。

⑤ 统筹层次及管理机构。当时的养老保险实行全国范围内的统筹，企业职工各项社会保险待遇的费用全部由企业负担，其中一部分由企业直接支付，另一部分由企业缴纳社会保险金，交工会组织办理。实行《劳动保险条例》的企业，按月缴纳相当于企业职工工资总额的3%作为社会保险基金，其中30%上缴中华全国总工会，作为社会保险总基金；70%存于该企业工会的基层委员会，作为社会保险基金，用于支付各项社会保险费用。

2. 中国退休制度的调整阶段

（1）统一了两个并行的退休制度

1958年2月，劳动部施行了国务院1957年11月发布的《关于工人、职员退休处理的暂行规定》，这是我国第一次统一企业、事业单位和国家机关的退休制度。该规定明确指出：

① 国营、公私合营的企业、事业单位和国家机关、人民团体的工人、职员统一实行这一规定；

② 女工人退休年龄统一规定为 50 周岁，女职员规定为 55 周岁；

③ 企业、机关的工人、职员，因工作需要留其继续工作的，不再加发在职养老补助费；

④ 专职从事革命工作满 20 年的工作人员，因身体衰弱不能继续工作而自愿退休的，应该退休。

（2）确立军官退休制度

干部退休制度较早在军队实行，中华人民共和国成立初期，军队就曾对干部的退休问题作过一些规定，但由于客观条件所限，对因战残体衰退出现役的干部，主要采取复员退伍、入荣军教养院（军队干休所）和交地方供养等办法安置。直到 20 世纪 50 年代后期，军队才正式建立干部退休按月领取退休金的退休制度，即 1958 年 7 月国务院公布实施的《关于现役军官退休处理的暂行规定》（以下简称《暂行规定》），这是第一个关于军队干部退休的法规性文件，规定实行退休制度的范围包括中华人民共和国成立前参加革命的全体干部。1958 年 9 月，总干部部、国务院人事局、内务部发布《关于由国家供养的军队干部执行〈国务院关于现役军官退休处理的暂行规定〉中几个问题的通知》，其中明确指出，过去由国家供养的军队干部，由当地军区协助省、自治区、直辖市的民政部门，根据《暂行规定》所规定的退休条件进行一次审查。对符合退休条件的，一律按照军官退休规定换发退休证明书，并核定应领退休生活费的标准。对个别原经批准供养的班级以下人员符合退休条件的，退休生活费按照副排级的薪金标准计算发给。1959 年 11 月，内务部、中国人民解放军总政治部联合发布《关于执行〈国务院关于现役军官退休处理的暂行规定〉的通知》，再次确认军官退休制度，并由民政部门与军队政治机关共同负责。

（3）补充集体制单位的退休制度

1966 年 4 月，第二轻工业部、全国手工业合作总社颁布了《关于轻、手工业集体所有制企业职工、社员退休统筹暂行办法》《关于轻、手工业集体所有制企业职工、社员退职暂行办法》，首次尝试在集体所有制企业中实行退休统筹制度，其规定的退休待遇低于国营企业和机关事业单位职工的退休待遇，退休养老金相当于发给本人工资的40%~65%，标志着按照所有制区分退休制度格局的开端。

3. 中国退休制度的阻滞阶段

1966—1976年，我国的政治、经济、文化等各个方面都遭受了严重的破坏和损失，退休制度也一度中断。

1966年年底，劳动部遭到严重冲击；1970年6月，中共中央批准成立国家计划革命委员会，撤销劳动部，将劳动部业务工作并入国家计划革命委员会劳动局；1975年9月，设立国家劳动总局，仍由国家计划革命委员会代为管理。其间，工会系统基本处于瘫痪状态，劳动保险金的征集、管理和调剂使用制度都被迫停止，社会保险事务处于无人管理的状态。

根据1978年的统计，企业职工应退未退的有200多万人，国家机关工作人员应退未退的有60多万人。

当时，许多单位的退休政策未得到正确执行，一方面，手续制度混乱，任意放宽享受条件，随之提高退休待遇标准，有的档案资料丢失，一些地方的退休工作被迫中止；另一方面，由于废止了社会保险费用的统筹制度，同时生产建设遭受了破坏，企业资金不足，因此缴纳不起或不愿意缴纳社会保险金。

1969年2月，财政部发布《关于国营企业财务工作中几项制度的改革意见（草案）》，要求国营企业一律停止提取工会经费和劳动保险金，企业的退休职工、长期病号工资和其他劳保开支，改在企业营业外列支。劳动保险自此失去了统筹调剂职能，企业承担了退休费用，从而导致退休人数多的老企业费用开支大，新建的企业则开支小。由此，企业之间负担轻重不同，也为改革开放后退休制度的执行偏差埋下了隐患。

制度环境的变化影响着制度的变化，但制度也是一个稳定的秩序，它的变迁并非一蹴而就的。在“文化大革命”期间，我国的社会保障制度受到了严重冲击，社会保险事务处于无人管理的状态。这主要是因为，已建成的退休制度完全依附于国家政府，国家的行政机构控制了制度运行的全过程，包括统筹、退休金的支付和退休人员的管理。制度运行完全系在行政机关上，容易受到政治冲击。

4. 中国退休制度的恢复重建阶段

（1）为了弥补“文化大革命”期间对退休制度以及养老保险制度的破

坏，并且适应改革开放条件下经济建设的要求，1978 年国务院同时颁布了《关于安置老弱病残干部的暂行办法》《关于工人退休、退职的暂行办法》。这两个暂行办法与之前的规定相比，内容上有较大变化：

① 针对老弱病残干部和工人的退休、退职问题，分别拟订了新的暂行办法，再次将干部与工人的退休办法作了区分。

② 对于老弱病残干部的安置，增加了五种新的规定，分别为当顾问、担任荣誉职务、离职休养、退休、退职。

③ 关于干部和工人的退休、退职待遇也作了修改。一是把原来完全按工龄规定退休待遇的办法改为：中华人民共和国成立以前参加革命工作的，按参加革命的时期规定退休待遇；中华人民共和国成立以后参加革命工作的，干部按工作年限规定退休待遇，工人按连续工龄规定退休待遇。同时适当提高了退休费的标准，保证了退休干部和工人的基本生活。二是将一次性发放退职补助费变为按月发放，解决完全丧失劳动能力的干部和工人退职后生活可能发生困难的问题。三是提高了因工致残完全丧失劳动能力的干部和工人的退休费。四是工人退休、退职以后，可以有条件地招收其一名符合招工条件的子女参加工作。这个办法在当时是考虑到有利于企业队伍的更新，有利于促进生产，并解决一部分城镇新增长的劳动力的就业问题。

④ 对于离休、退休和退职的干部、工人易地安家的补助费问题有了新的规定。颁布新的两个暂行办法在很大程度上是为了弥补十年“文化大革命”中许多干部、工人的损失，恢复劳动者应得权利的保障。

（2）1980 年 10 月，国务院颁布了《关于老干部离职休养的暂行规定》，将干部的离休制度独立于通用退休制度之外。在这种制度下，离休人员不仅在退休养老金上享有优厚的经济待遇，而且包含相应的政治待遇。自此，离休就成了中国退休制度中一个特有的名词。

（3）1981 年 1 月，国务院发布《关于严格执行工人退休、退职暂行办法的通知》，被破坏了的退休养老制度逐渐开始恢复。之后中央军委发文确定军队干部的退休制度和离休制度。

5. 养老金制度变革下的中国退休制度

这一阶段的退休制度没有发生太多的变化，依旧沿袭 1978 年的两个暂行办法。中华人民共和国成立前参加革命工作的老干部执行离休制度和政策；机关干部执行《国家公务员暂行条例》和 1993 年 12 月国务院办公厅印发的《机关工作人员工资制度改革实施办法》规定的退休、退职办法；事业单位的专业技术人员和行政干部执行 1993 年 12 月国务院办公厅印发的《事业单位工作人员工资制度改革实施办法》规定的退休、退职办法。1978 年国务院颁布的《关于安置老弱病残干部的暂行办法》《关于工人退休、退职的暂行办法》中的基本条款仍然适用。

从这个时期开始，与退休制度密切相关的养老保险制度就开始了变革，走向了转型，迈出了社会化统筹的第一步。

第一阶段：在国营企业中实行退休费社会统筹。

1984 年，一些地区开始试点，恢复退休费在市、县一级或行业内部进行社会统筹。

1986 年 4 月，第六届全国人大四次会议在《中华人民共和国国民经济和社会发展第七个五年计划（1986—1990 年）》中明确提出，要逐步建立和健全适应新形势需要的社会保障制度，并首次提出要以社会化管理为主。1986 年 7 月，国务院在发布的《国营企业实行劳动合同制暂行规定》中明确规定，国家对劳动合同制工人的退休养老实行社会统筹，退休养老基金的来源由企业和劳动合同制工人缴纳，退休金收不抵支时国家给予补贴，并具体规定了缴费额及养老保险待遇。

1991 年 6 月，国务院发布《关于企业职工养老保险制度改革的决定》，规范了全民所有制企业的职工养老保险改革，明确由劳动部、人事部、民政部分别管理城镇企业职工、机关事业单位职工和农村养老保险。

第二阶段：正式提出社会统筹与个人账户相结合的养老保险模式。

1995 年 3 月，国务院发布《关于深化企业职工养老保险制度改革的通知》，确立了社会统筹与个人账户相结合的养老保险模式，以及两个实施办法，这标志着统账结合模式的养老保险制度的出台。

为了统一全国各地的养老保险制度，1997 年 7 月国务院发布了《关于建立统一的企业职工基本养老保险制度的决定》，形成了全国统一的方案。

三、新时代离退休工作特点

习近平总书记在十九大报告中指出：“经过长期努力，中国特色社会主义进入了新时代，这是我国发展新的历史方位。”党的十九大报告强调，要“认真做好离退休干部工作”，这充分体现了党和国家对离退休工作的高度重视。2016年，中共中央办公厅、国务院办公厅印发的《关于进一步加强和改进离退休干部工作的意见》（以下简称《意见》）指出，要加强对离退休人员发挥作用工作的组织引导，要发挥离退休干部的政治优势、经验优势、威望优势。《意见》中的“加强”二字充分体现了以习近平同志为核心的党中央高度重视老干部工作的政治责任和对老干部的关怀厚爱，以及对离退休干部工作的全面细致化。2019年11月，中共中央、国务院印发《国家积极应对人口老龄化中长期规划》，该规划中期至2035年，远期展望至2050年，是到21世纪中叶我国积极应对人口老龄化的战略性、综合性、指导性文件。2021年中国共产党成立一百周年，习近平总书记庄严宣告：“我们实现了第一个百年奋斗目标，在中华大地上全面建成了小康社会，历史性地解决了绝对贫困问题，正在意气风发向着全面建成社会主义现代化强国的第二个百年奋斗目标迈进。”站在这样一个新时代新方位，面对新形势新任务，独具中国特色的离退休干部工作必须认真践行习近平新时代中国特色社会主义思想，深入贯彻落实习近平总书记系列重要讲话、重要指示精神，与时俱进。

党和国家发展的一切成就都凝结着老干部的开拓和奉献，饱含着他们的创造和积累，浸透着他们的心血和汗水。老干部为后辈开创了美好的生活，我们应满怀感恩之情为离退休干部做好服务保障工作；应主动根据新形势，耐心听取离退休人员的意见和建议，分类处理好关系他们切身利益的问题；相关政策没有落实的，应严格按照文件规定认真执行，推动各项政治、生活待遇落实。

1. 新时代的管理工作

新公共管理理论认为，私营部门和现代企业管理中广泛应用的绩效管理、目标管理、组织发展、人力资源开发等管理方法，公共部门同样可以运用并能够产生很好的效益。新公共管理有七大主张，即政府的管理职能“应是掌舵而不是划桨”，将企业化的管理方式引入公共部门，营造“顾客导向”的行政文化，采用授权或分权的方式进行管理，实施明确的绩效目标控制，考虑外部性问题，强调人力资源管理，这些主张有助于提高公共管理的有效性，促进社会可持续发展。

新公共管理理论对服务型政府建设具有重要意义，对离退休人员服务管理工作同样意义重大。其倡导的“顾客至上”“服务行政”与全心全意为离退休人员服务的宗旨异曲同工，与把离退休人员当亲人、想离退休人员之所想、急离退休人员之所急的要求不谋而合。其倡导政府的职能是“掌舵”而不是“划桨”，这与通过购买第三方服务的方式为离退休人员提供家政、紧急救助等服务，让专业的人干专业的事是同样的道理。

2. 新时代离退休人员继续发光发热

习近平总书记指出：“没有广大老同志的长期奋斗，就没有今天党和人民事业蓬勃发展的大好局面”，“各级党委和政府要从传承党的优良作风、弘扬中华民族传统美德的高度，认真做好新形势下老干部工作”。广大老干部非常关心党和国家的发展，十分关注时事，并且积极为实现高质量发展建言献策。部级老同志就有关重点热点难点问题谈看法、提建议，专家型离退休干部加强重大问题研究，积极开展相关调研，不少老同志的理论文章、意见和建议得到中央领导同志批示，转送相关方面参阅。新时代的离退休人员仍在为祖国的繁荣发展贡献自己的一分力量，为中华民族伟大复兴事业增光添彩，赢得了全社会的尊重和表扬。

第二节　制度的意义与影响

今天，我们把离退休工作制度放到改革开放 40 多年的大背景下来审视，放到中华人民共和国成立 70 多年的历史中来思考，放到中国共产党百年历史进程中来认识，就会更加深刻地体会到它的重大意义和深远影响。

一、离退休制度的意义

1. 保证了干部队伍健康发展

“文化大革命”时期，党的干部培训、选拔和任用机制遭到破坏，之后党中央为“文化大革命”时期的冤假错案平反，这是党正确对待历史和老干部的结果。被平反的老干部基本恢复了原来的职务或者是差不多的职位，也由此出现了一些非必要的职位和干部年龄老化的现象，基于此，邓小平同志指出必须改变此现象。以邓小平同志为代表的老一代领导集体在 1980 年以后率先作出表率，逐步辞去了部分职务，提拔了一批年轻干部，许多老同志逐步离开所居的工作岗位，有条不紊地完成了新老交替工作。离退休制度建立以来，中国在诸多方面取得了惊人成就，大批中青年干部在社会的发展中起到了不可替代的作用，充分证明了党中央作出建立干部离退休制度的决策是英明的。

2. 提高了干部队伍的整体水平

由于干部队伍受到封建思想、社会主义制度不够完善等因素影响，邓小平从当时的实际情况出发，从反对封建思想残余和建立干部退休制度入手，提出了一系列行之有效的措施和办法，建立起适合当时干部队伍实际情况的干部离退休制度，为干部队伍的新老交替铺平了道路，对中国民主政治的改革进程产生了深刻的影响，为国家的长治久安作出了历史性贡献，也为更多德才兼备、年富力强的中青年干部提供了更多的学习机会，实现了干部队伍的年轻化、知识化，大大提高了干部队伍的整体水平。

3. 改变了干部队伍的思想

干部退休制度的建立削弱了干部所掌握的权力，避免了权力集中的现象，更重要的是使普通公民拥有了行使民主权利的机会，体现了法律的权威性。由人为治理到法律治理、由制度面前人人平等到法律面前人人平等的转变，使政府机构更加透明化，净化了干部队伍的工作风气，扫清了政治体制中的种种弊端，加大了人民对政府工作的支持力度，提高了人民对党的信任程度。干部离退休制度的建立增强了公民的法治意识，也为全面依法治国、建设法治国家奠定了基础。

4. 实现了制度改革的伟大创新

离退休干部是党和国家的宝贵财富，为建立新中国立下了不可磨灭的功勋。桑榆未老，霞光满天，离退休干部依旧在为国家的繁荣发展贡献着自己的一分力量。党和政府对离退休干部的生活高度重视，为他们能幸福地安度晚年制定了相关政策。事实证明，实行离退休制度是我们党和国家干部制度改革的伟大创新。

二、离退休制度的影响

离退休制度的建立，是直接关系我党兴旺发达、国家长治久安的重大决策。作为党和国家领导制度改革的重大成果，干部离退休制度的建立和实施，为确保党的事业后继有人，确保改革开放和社会主义现代化建设的顺利进行，巩固我党的执政地位提供了根本的制度保证。

离退休制度的建立，充分体现了广大老干部宽阔的政治胸襟和对党的事业高度负责的精神。老领导、老同志们从党的事业出发，为人民的长远利益着想，心甘情愿地把“接力棒”交给后人，满腔热情地欢迎和支持年轻干部走上领导岗位，实现了干部队伍的新老交替，保持了干部队伍的生机和活力，以实际行动展现了中国共产党人的坚强党性和宽阔胸襟。

离退休制度的建立，充分保障了人才资源的可持续发展。建立离退休制度，使年老和丧失工作能力的干部退出职位，使合格的年轻人员能陆续地被吸收到队伍中来；使年轻、德才兼备的人员能有机会得到晋升，也有利于队伍的年轻化，形成合理的年龄梯次结构。

第三节　新时代高校离退休工作特征

一、制度化

古人云：凡将立国，制度不可不察也。要着力推动高校离退休工作转型发展的顶层设计，特别是在法规、政策层面，以系统治理思维构建起转型发展的“四梁八柱”，形成具体的法规、条例、意见，推动高校由离休制度体系建设转向退休制度体系建设，做到纲举目张。从社会建设的角度来看，任何制度都是嵌入一定的社会结构之中的，是在一定的社会结构和文化传统中发挥社会建设之效应的。做好高校离退休工作转型发展的顶层设计，可以从五个方面着力：

第一，根据《中华人民共和国宪法》《中华人民共和国公务员法》《关于进一步加强和改进离退休干部工作的意见》《“十三五”国家老龄事业发展和养老体系建设规划》等法律法规，学习离休干部制度建设方面的先进经验和西方文官退休制度建设的有关做法，结合高校的具体实际，完善高校离退休人员医养结合、社区和机构养老、雇佣介助服务等服务管理配套法规，为转型发展提供配套政策支持。

第二，紧密结合人口快速老龄化发展趋势，根据《中华人民共和国老年人权益保障法》，进一步推动将以高校离退休人员为代表的老年人服务管理纳入各级政府的社会发展规划，狠抓规划的落地落实。

第三，紧密结合深化干部人事制度改革，建立健全养老、医疗、休养、服务经费增长等制度体系，对高校离退休人员服务保障事项予以明确，做到及早应对、科学应对、综合应对。

第四，紧密结合放管服改革，“掌舵”而不“划桨”，充分“授权”给市场和社会组织，逐步形成多层次服务管理供给保障体系。

第五，加强现有政策法规的释法、释义，以进一步提高对具体工作的指导性。例如：离退休人员是否严格按照在职人员标准执行工会福利的问题；工会福利的经费来源为各单位自筹的情况下，如何保障离退休人员的工会福利足额发放的问题；各高校如何实现执行标准统一而不产生新的不公平的问题；等等。这些现实问题都需要对现行的政策法规作进一步释义，以更好地保障高校离退休人员的合法权益。

二、便民化

俗话说：基础不牢，地动山摇。加强高校离退休工作的建设，落实政府大政方针，基础在基层，重心在基层，难点也在基层。工作在基层汇聚，如果上级不在人力、物力、财力等方面同样赋权，造成权责不对称等，那么工作就会流于形式，受伤害的还是基层的治理体系和治理能力。

推动高校离退休工作转型发展，基层尤其是社区的力量是最关键的一环。广大高校离退休人员退出工作岗位后，80%以上的时间在社区。推动服务管理下沉社区，资源必须同时转移匹配到位，坚持钱随人转、人随事转，实现人、财、物的同步转移，避免只转工作不转人权和财权、权责不匹配、人浮于事的现象。

第一，推动重心下移，精力在社区聚焦。高校离退休人员既是高校离退休部门的服务对象，同时也是“社会人”，是所在社区的一分子。高校离退休工作管理者，首先要杜绝形式主义，固定每月或每周在社区与社区工作人员一起直面、分析、研究、解决问题，推动离退休人员服务工作再上新台阶。

第二，推动重心下移，人才在社区聚集。目前，高校从事离退休工作的管理者中，行政层级越高，承担越多的政策制定和督导工作；行政层级越低，越到服务管理工作一线，承担的具体繁杂的服务管理事项越多，但专职人员少，工作量与人员配备严重不匹配，“小马拉大车”的矛盾比较严重。针对这一问题，要通过转移编制、增加公益岗、招聘专业人才、组织志愿者等多种形式，为服务管理一线配齐配强工作人员。同时，要强化工作人员的培训，使其在政策待遇、老年心理、护理知识等方面成为行家里手。上海市委老干部局2008年公开招聘155名专职社区老干部工作者的经验，为高校离退休工作解决人员问题提供了借鉴。

第三，推动重心下移，财力在社区富集。高校对离退休工作财政资金的投入，不能搞“大水漫灌”，更不能搞平均主义。哪里最需要、哪里最吃力，就支持哪里、往哪里投入。财政要将对社区的资金投入列入年度预算，并形成制度。要对硬件不达标、服务管理设施欠缺的社区加大支持力度。同时，也可引入民营资本投资一些社区服务项目，社区也可设置一些创收型服务管理内容，进一步拓展收入来源，增强自我“造血功能”。

第四，推动重心下移，合力在社区形成。要通过购买服务的形式，鼓励专业化市场力量以低利或微利形式开展日间照料，增设以长期照护系统为核心的护理型养老床位和其他养老服务设施。要加强贴心“一键通”、家政服务公司等专业公司与社区的互动，在提供紧急救助、生活照料、家政服务、康复护理、精神慰藉等方面加强合作。同时，引入志愿服务体系，通过不同年龄群体的代际合作，实现社区的社会融合及可持续发展。

三、信息化

习近平总书记指出，领导干部“过不了互联网这一关，就过不了长期执政这一关”。2018 年，中组部老干部局在第 19 期全国老干部局长轮训班上提出了“推进老干部工作信息化建设”的要求。推动离退休工作转型发展，“全面触网”也是重要手段。

其一，新形势下以网络作为主要依托的新媒体正在不断发展，这种新型社会发展潮流应适当地融入离退休工作。例如：运用“互联网+”思维，建立微信公众号、微信群、QQ 群等信息化服务平台，积极拓宽新媒体传播渠道，完善和丰富信息平台内容，及时将信息传递给每位老同志，实现信息服务的及时化和精准化；根据老同志的兴趣爱好，以“健康、快乐、和谐、安全”为宗旨，建立“夕阳红”兴趣协会，为老同志老有所乐提供良好平台；搭建“科教平台”，定期举办健康知识、医疗保健、老年心理学、科技普及、时事政策、先进事迹等方面的讲座，传播社会正能量，陶冶老同志的情操，丰富老同志的精神生活。一方面，帮助老同志提高对新媒体的认知；另一方面，借助网络等新条件更加直观、系统地对老同志进行宣传教育，提高工作效率。

其二，通过“互联网+”信息化手段，探索建立离退休人员网上家园、网上党支部，建立离退休人员信息库。要在整合资源、强化共享上下功夫。一是进一步完善信息库，下大力气整合离退休人员的党组织关系、干部身份、社保、医保、家属情况等数据，做到离退休人员信息精准掌握、需求精准把握；二是打造没有围栏的网上家园，推动实现离退休人员“全面触网”，在网上实现老有所学、老有所乐、老有所为。

其三，深化信息技术应用，构架出智慧医疗体系中不同形态的技术关联和服务模式创新平台（见图 2-3-1 至图 2-3-3）。充分利用日渐成熟的大数据、云计算、物联网、区块链、人工智能、服务型机器人等新兴技术，对接整合民政、卫健委（卫生健康委员会）、社区、医院、家政公司、劳务维修公司等各方信息，不断深化与健康、医疗、养老产业的深度融合，开发应用智能终端和居家社区养老服务智慧平台、信息系统、App 应用、微信公众号等，重点拓展远程提醒和控制、自动报警和处置、动态监测和记录等功能，服务高校离退休人员群体。

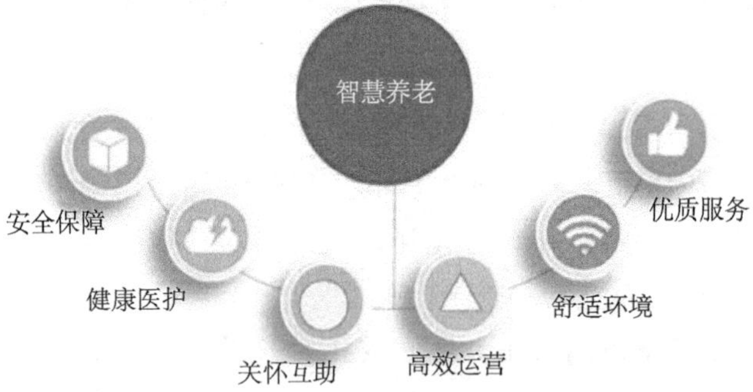

图 2-3-1　智慧养老物联网系统

图 2-3-2　一体化智慧养老模式

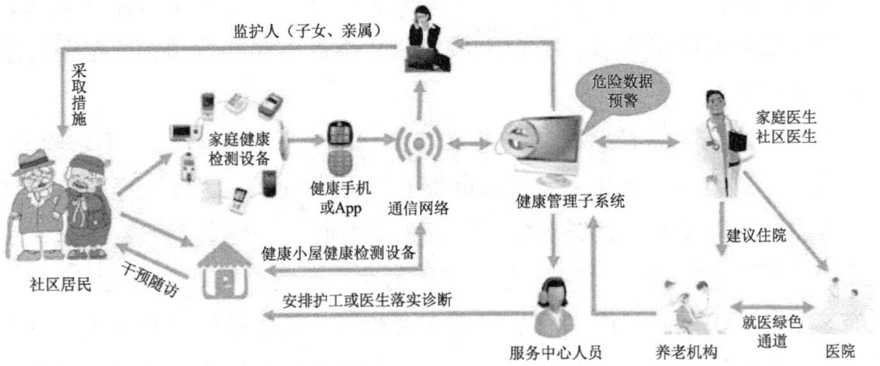

图 2-3-3　社村通①

四、社会化

社会化管理，是指社会组织依照法律或政府授权开展的社会管理活动，其有别于政府行政部门针对社会事务的管理活动。离退休人员社会化服务管理是一个系统工程，要统筹考虑，积极稳妥，循序渐进。高校离退休人员要按照退休服务管理内容，宜交社会则交社会，先行试点，渐次推开；暂时不宜的，可以摸索经验逐步施行。

当前推行高校离退休人员社会化管理，可谓是天时、地利、人和三要素齐备。天时：中共中央、省、市均发文件要求进一步加强和改进离退休干部工作，推进社会化服务管理就是其中一条；在全面深化改革的大背景下，转变政府职能，打造服务型政府也为高校离退休人员社会化管理助力；企业退休人员社会化管理已经摸索出比较成熟的经验，可以为高校离退休人员社会化管理提供借鉴。地利：随着城市化进程的加快和社会治理能力的不断提升，社区功能逐渐完备，治理水平不断提高。人和：社会公平正义的理念深入人心，积极应对老龄化社会、老年人力资源的二次开发也逐渐被接受，高校离退休人员政治素养高、专业水平高，思想活跃，易于接受社会化管理。

第一，深化政治待遇落实，助推社会化服务管理。根据高校离退休人员住所分散、单位组织活动困难的实际，通过组织引导和个人申请相结合，

① 图片来源：社区（农村）留守老人、空巢老人的福音［社村通］［EB/OL］．［2020-04-29］．http：//www. jzysxjs. com/yewugongshi/1857. html.

灵活采取属地化管理、设立临时党支部等多种形式，组织离退休人员就近在居住小区开展政治学习、组织生活、阅文阅报等支部活动，使他们思想常新、理想永存。

第二，深化生活日常照护，助推社会化服务管理。坚持“不求所有、但求所用”的原则，继续拓展“日间照料”服务模式，为社区高校离退休人员提供基本的助老、助餐服务。深入推广贴心“一键通”服务模式，引导企业开发更多智能化设施，为高校离退休人员提供咨询、就医、家政、维修等服务。积极支持优质医疗资源下沉社区，通过签约家庭医生、多点执业、巡诊、远程问诊等方式，为广大高校离退休人员就近得到医疗救助提供条件。

第三，深化资源整合，助推社会化服务管理。要继续用好“共享式”离退休人员党建活动阵地等实体平台，发挥好核心阵地作用。在老有所学方面，通过联合办学、网络老年大学等形式推动优质资源下沉，实现社区老年大学全覆盖。在老有所乐方面，根据社区工作实际和社区高校离退休人员自身情况，建立兴趣爱好团队，开展丰富多彩的书画笔会、摄影比赛、文艺会演等活动，并与街道、县（区）、市老干部活动中心和老年大学联动，提高高校离退休人员的文化养老满意度。在老有所为方面，积极推动志愿者队伍建设，在社区治理、服务群众、关心下一代、以老助老等方面发挥作用，实现自我价值。

第四，推动机构养老，助推社会化服务管理。市场在资源配置中起决定性作用，要积极引导市场力量进入机构养老服务业。一是政府应担当起社会福利供给主体责任，在小区规划上预留一定公建作为日后机构养老、日间照料、医养结合用房，夯实高校离退休人员就近养老、就近得到照料的基础条件。二是下大力气深化改革，果断放权，壮大市场力量，积极探索培育专业机构养老，扩大机构养老服务进社区的渠道；逐步加大对机构养老的投入力度，鼓励私营资本进入专业养老机构建设；培育非营利组织，健全志愿服务体制，推动福利供给多元供给体系的完善。三是学习借鉴美国通过支付房租或者购买单元房的方式让老年人分区居住，提供不同层次的照料服务等。

第三章　新时代高校离退休人员物质生活服务

第一节　高校离退休人员健康与安全现状及特点

随着信息时代的迅猛发展，各类资讯传播迅速，沟通交流方便快捷，老同志可以通过多种渠道及时了解到各项政策文件的颁布，各种生活待遇、工资待遇的落实，以及各类活动的开展情况等。因此，离退休工作也从过去以落实老同志“两项待遇”（生活待遇、政治待遇）、解决“老有所养、老有所医”为主线，逐步向加强老同志“两项建设”（离退休党支部建设和思想政治建设）、引导老同志“老有所乐、老有所为”方面转变。随着城市离退休老人数量的逐年增加，其单独生活存在的问题也慢慢显露。美国著名心理学家马斯洛的需求层次理论认为，人的需求按照发生的顺序，可由低级到高级按阶梯状分为五个层次（见图 3-1-1），即生理需求、安全需求、情感和归属需求、尊重需求、自我实现。从实际来看，探讨离退休人员的生理需求和安全需求，尤为重要。

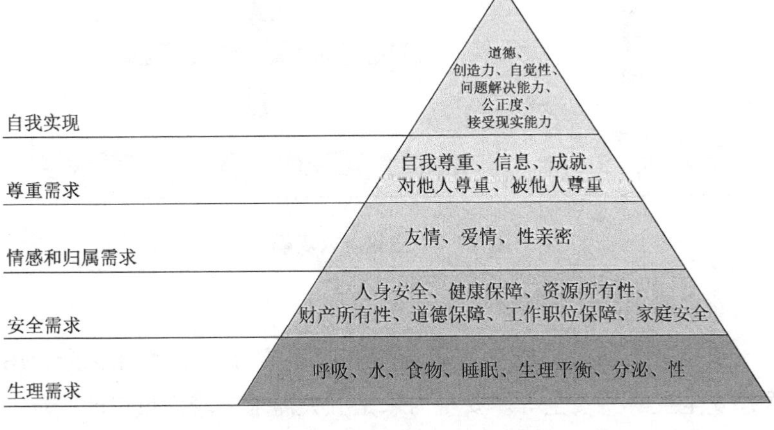

图 3-1-1　马斯洛需求层次理论

一、生理健康存在问题

在我国社会转型的大背景下，随着中国传统家庭结构的逐渐瓦解，过去的“养儿防老”模式正在逐步走向解体。越来越多的空巢老人打破了中国传统的家庭养老方式，依靠子女赡养安度晚年的情况愈来愈少。首先，因为中国计划生育政策的实施，每个家庭大多只有一个子女，所以过去四世同堂、子孙绕膝的传统家庭愈来愈罕见。其次，随着经济社会的高速发展，有的子女为了寻求更好的发展，选择移居海外或大城市生活，其父母便面临无人照料的状况。然后，社会大发展带来的高压力与高消费让一部分子女无法承受父母的养老需求，这也充分折射出中国空巢老人背后“未富先老”的老龄化问题。最后，经济生活的改变必然带来思想的进步，许多老年人不愿意依靠子女来生活，认为自己能够照顾好自己，不愿拖累子女；但一部分没有足够养老金的空巢老人，若是没有子女赡养，其最基本的生活服务需求（用药、吃饭、购物、出行等）也难以保障。

众多因素使得当今空巢老人的赡养和居住问题愈演愈烈。由图 3-1-2 可知，2020 年我国空巢老人数量已达到 1. 18 亿人，预计 2030 年空巢老人数量将超过 2 亿人。可以预见，十几年后，空巢老人的数量仍会增加。解决空巢老人的赡养问题，需要政府、社会和家庭等多方面共同配合与努力。

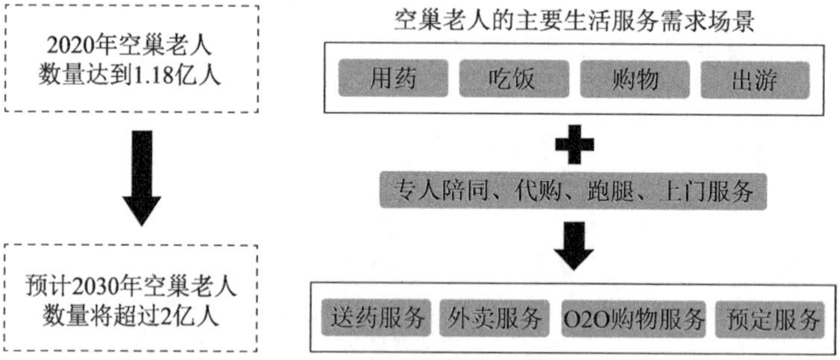

图 3-1-2　空巢老人规模

二、安全需求缺乏保障

对于空巢老人而言，安全问题体现在很多方面，如人身安全、用药安全、医疗安全及财产安全等。安全需求是五大需求中较为重要的一环。

首先，高龄老人独自居住，因其行动不便，观察能力也较为薄弱，故存在很大的安全隐患。一旦遇到危险，若无人帮忙，老人的人身安全将面临很大威胁。对于有慢性病（如糖尿病、中风、关节炎等）的老人，若没有亲人陪伴，老人的健康将存在很大隐患。

其次，老人年事已高，大部分都缺乏必要的疾病护理知识，加上获得信息的渠道很少且获取信息的能力较低，若没有子女的帮忙，很可能在遇到疾病时不知所措，甚至错过最佳治疗时期。调查显示，一个社区中约有20%的空巢老人对疾病知识一无所知，他们平时只能通过电视节目与报纸来了解社会，接触到的病理知识微乎其微，若是遇到突发疾病，用药安全难以得到保障，后果不堪设想。

再次，老人看病也是一大问题。在人口基数巨大的中国，看病挂号、排队看诊、做检查等，每一项都需要排队等待，或采用网上预约等方式，独自生活的老人面对这样复杂的看病过程以及人山人海的看病大军，其医疗安全也是不可控的。

最后，空巢老人大多依赖退休工资和子女赡养来维持生计（见图3-1-3），一旦患病，面对高额的医疗费用，他们将有可能陷入困境。另外，很多老年人不会使用智能手机，对微信、支付宝等支付方式不是很了解，大多数老人仍然使用现金进行日常消费，一旦现金被盗，很难追回损失。更令人担忧的是，日益泛滥和禁而不绝的保健品骗局、电信诈骗、骗婚等，使空巢老人的财产安全面临很大威胁。

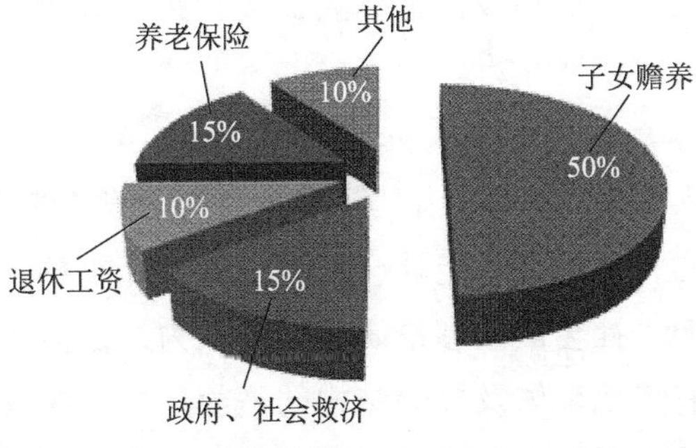

图 3-1-3　空巢老人主要生活来源

三、高校离退休人员的健康特点

高校离退休人员是学校的特殊群体，他们离退休前都奋斗在教学、科研的一线，将大部分的时间和精力都贡献给了学校的发展和社会的建设。高校离退休人员与其他的老年群体不同，他们对社会的需求较多，但社会往往无法关注到他们的需求，导致高校离退休人员存在心理落差。比如，在健康问题上，普通群体的需求往往是身体健康，而高校离退休人员的需求是生理及心理的双重健康。因此，在医疗服务工作体系中，应当关注高校离退休人员的生理健康及心理健康。

以教师为例。在生理健康方面，有老教师在日常工作中可能吸入了大量粉尘，在退休后身体较为虚弱，常患的疾病是肺气肿及支气管炎，因此在高校医疗服务体系中要关注对教师的肺部检查；另外，部分教师在工作过程中发生冠心病，这可能与长时间劳心劳力的工作存在关系，因此在高校医疗服务体系中也要注重对教师的心功能检查。在心理健康方面，教师离开工作岗位后，情绪较为低落，容易出现抑郁心理，因此在高校医疗服务体系中还要关注退休教师的心理健康。

四、高校离退休人员健康管理的依据

根据惯常思维，在做任何事之前都应当思考其可行性。可行性需要从理论角度进行分析、论证，有了理论基础后再结合现实依据，从而判断这件事是否可行。因此，对高校离退休人员实施医疗健康管理，应当从认识该工作的理论及现实依据开始。

1. 理论依据

（1）社会嵌入理论。该理论作为居家社会养老服务的基本理论，所支持的观点并非孤立的，而是在特定社会结构中嵌入存在的，能在其中获得社会支持及社会资源。社会嵌入理论研究人员认为，社会嵌入理论应当寻求社会化平衡，只有实现个体及社会结构的平衡，才能在具体工作中体现社会关系。有理论认为老年人在晚年生活中无须刻意与周围社会结构产生关系，但这种理论明显存在误区。老年人作为特殊群体，社会嵌入理论认为老年人应当继续社会化。

（2）需求层次理论。该理论认为社会应当满足成员的基本需求，包括精神需求及心理需求。结合生物性内在需求，应当从生理及安全、归属等角度展开分析。比如，高校退休教师一般经济水平较好，能提升物质生活，但医疗需求、精神需求和医疗供给、精神需求供给存在不匹配。

2. 现实依据

（1）深度老龄化。深度老龄化是指老年人口赡养率达到 5∶1，即 5 个劳动人口供养一个 65 岁以上的老人。中国人口统计数据显示，中国在 2020 年以后全面进入老龄化社会。预计到 2030 年深度老龄化比例将达到 3.5∶1，到 2050 年深度老龄化比例将达到 2∶1。医疗服务作为老年人服务中的重要内容，在此背景下，对高校离退休人员开展医疗健康管理更为必要。

（2）精准健康管理。健康管理进入中国后，国家予以重大政策支持，使健康管理得以发展。精准健康管理是健康管理的全新高度，它建立在个体基础上，结合免疫细胞功能检测及健康档案等对个体及群体提供健康服务，满足新时代中国特色健康管理模式要求。

第二节　身体健康服务工作

身体健康是保障老年人（离退休人员）独立自主和参与社会的重要基础，推进健康老龄化，是建设健康中国的重要组成部分，也是积极应对人口老龄化的长久之计。高校离退休人员作为特殊群体，在脱离岗位后，角色发生变化，心理不适应，容易感到失落、空虚或孤独，从而引发身心疾病。高校离退休工作历来是高校工作的重点之一，做好离退休人员的服务管理工作是高校稳定和谐发展的基础。新时期，高校应当注重对离退休人员的人文关怀，保证各项服务的专业性及政策性；同时，应当做好离退休人员的医疗服务工作，结合以人为本的理念，强化感情投入，关注离退休人员的健康需求，侧重离退休人员的心理健康及生理健康，从而创新医疗服务工作模式，提升离退休人员的幸福感和获得感。

一、国家采取的措施

国家从老年人健康需求出发，着力构建老年健康服务体系，主要开展了以下四项工作（见图 3-2-1）。

第一，组织开展老年健康宣传系列活动。宣传老年健康服务政策和相关知识，提高老年人的健康素养和健康水平，营造有利于老年人健康生活的社会环境，以“懂健康知识、做健康老人”为主题，在全国组织开展老年健康宣传周等多种形式的宣传活动。宣传内容有两个部分：一是宣传老年健康服务政策，包括国家关于建立完善老年健康服务体系的政策、老年人健康管理等国家基本公共卫生服务的相关政策，还有各地老年健康服务的相关政策。二是宣传老年健康相关知识，包括科学的衰老观念、老年健康核心信息以及老年宜居环境的主要特点和要求。

第二，组织实施老年健康西部行项目。为了推进西部地区老年健康服务工作，助力卫生健康扶贫工作，2019 年 4 月，国家卫生健康委员会印发了《关于实施老年健康西部行项目的通知》，在西部 12 个省（区、市）各选择一个地级市（区），实施老年健康西部行项目。项目通过开展宣传教育活动、举办老年健康大讲堂、组织开展义诊和上门健康服务等多种形式，一是帮助老年人树立“每个人是自己健康的第一责任人”的理念，促进老年人形成健康的生活方式，提高老年人的健康素养和健康水平；二是在卫生健康行业内树立现代老年健康理念，促进由以治病为中心向以健康为中心转变；三是营造有利于老年健康生活的社会环境，引导全社会关注老年健康，调动社会和个人参与老年健康服务的积极性。

第三，组织实施老年人心理关爱项目。为了加强社会心理服务体系建设，促进老年人心理健康，按照《“十三五”健康老龄化规划》的要求，2019 年 3 月，国家卫生健康委员会印发了《关于实施老年人心理关爱项目的通知》，决定在全国选取 1600 个城市社区和 320 个农村行政村实施老年心理关爱项目。项目通过开展国家和省级的两级培训、心理健康评估、必要的干预和转诊推荐等工作，为老年人提供心理健康服务。项目的主要目的：一是了解和掌握老年人心理健康的状况和需求；二是提高基层工作人员的心理健康服务技能水平，增强其对常见心理行为问题和精神障碍早期的识别能力；三是增强老年人心理健康意识，改善老年人心理健康状况。

第四，启动第二批全国安宁疗护试点。安宁疗护旨在为疾病终末期或老年患者在临终前提供身体、心理、精神等方面的照料和人文关怀等服务，控制痛苦和不适症状，提高生命质量，帮助患者舒适、安详、有尊严地离世。2017 年，第一批全国安宁疗护试点工作在北京市海淀区等五个市（区）启动，经过一年多的探索，取得了很好的成效。2019 年，第二批全国安宁疗护试点工作在上海市和北京市西城区等 71 个市（区）启动，试点范围大大增加。根据要求，试点地区要完成开展试点调查、建设服务体系、明确服务内容、建立工作机制、探索制度保障、加强队伍建设、制定标准规范、加强宣传教育八项任务。

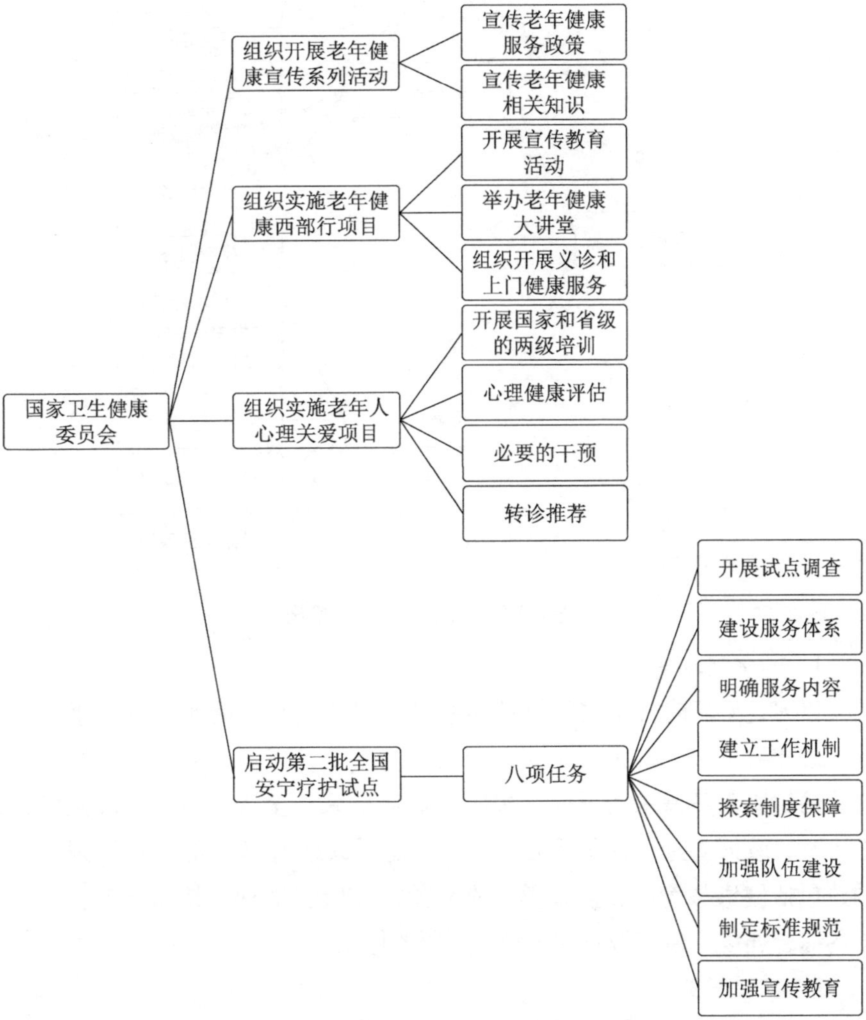

图 3-2-1　国家采取的措施

二、江苏省采取的措施

江苏省采取的措施如图 3-2-2 所示。

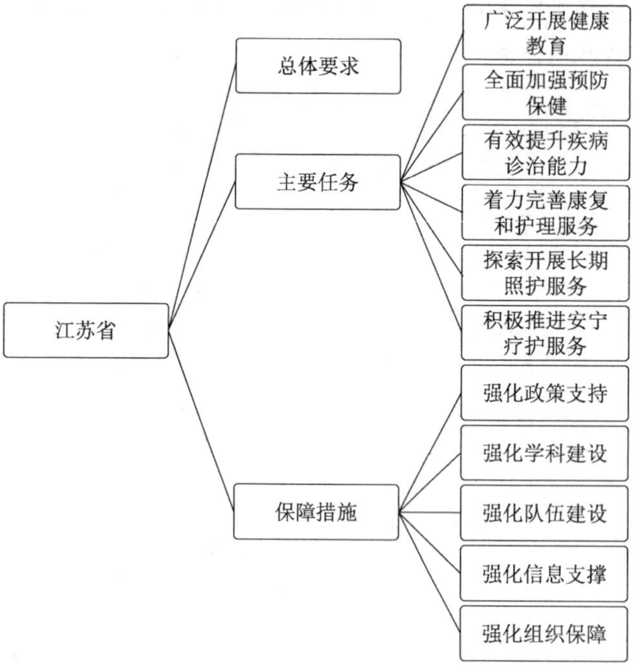

图 3-2-2　江苏省采取的措施

1. 总体要求

以习近平新时代中国特色社会主义思想为指导，落实推进健康江苏建设的总体要求，以维护老年人健康权益为中心，以满足老年人多层次、多样化的健康服务需求为导向，按照“健康引领、全程服务，兜底保障、公平可及，政策支持、激发活力，统筹资源、共建共享”的基本原则，着力构建包括健康教育、预防保健、疾病诊治、康复护理、长期照护、安宁疗护的综合连续、覆盖城乡的老年健康服务体系。

2. 主要任务

（1）广泛开展健康教育。充分运用各种宣传媒介，通过医疗卫生、养老和社区服务机构等平台，面向老年人及其照护者实施健康教育，积极开展老年健康宣传周、全民健康生活方式日等主题活动，营造关心支持老年健康的社会氛围。普及老年健康科学知识和相关政策，开展老年健康教育促进活动，促进老年人形成合理膳食、科学运动、戒烟限酒及心理平衡等健康生活方式，提高老年人的健康素养水平。加强中医药养生保健知识宣传，开展中医药膳食疗与健康养生养老相结合等科普活动，推广中医传统运动项目。实施老年教育创新发展行动计划，把健康教育纳入老年学校和老年教育机构课程体系和教学内容，建设全省开放共享的老年健康教育学习资源库，促进养教结合。加强社区综合服务中心、基层老龄协会等老年活动平台建设，组织引导老年人积极参与社会活动，自觉做健康管理的主人。

（2）全面加强预防保健。建立健全老年健康危险因素干预、疾病早发现早诊断早治疗、失能预防三级预防体系。做实65岁以上老年人健康管理项目，有效整合健康体检资源和基本项目内容，为老年人提供生活方式和健康状况评估、体格检查、辅助检查和健康指导服务，加强质量控制，提升老年人的健康管理水平。将老年人健康管理作为基本公共卫生服务项目绩效评价的重要内容，把老年人的满意度作为重要评价指标，县（市、区）卫生健康行政部门要落实对绩效评价的主体责任，每年组织开展一次绩效评价。以老年人为重点，扎实推进家庭医生签约服务，开展预约上门和家庭病床服务试点，积极拓展老年人签约服务范围，满足老年人多样化的服务需求。开展老年人营养改善行动，建立老年人群营养筛查与评价制度，制定营养健康状况评价指南，研制适宜的营养筛查工具，做好老年人营养状况监测和评价工作。加强老年人群重点慢性病的早期筛查、早期干预及分类管理，开展阿尔茨海默病、帕金森病等神经退行性疾病的早期筛查和健康指导。实施失能预防项目，加强失能预防核心信息宣传，开展老年能力综合评估服务，早期识别失能高危人群，降低老年人的失能发生率。重视老年人心理健康，完善精神障碍类疾病的早期预防及干预机制。实施老年人心理关爱项目，对65岁及以上老年人普遍开展心理健康状况评估，并落实预防和干预措施。开展老年友好型社区创建，推进适老环境建设和改造，减少老年人意外伤害。

（3）有效提升疾病诊治能力。优化老年医疗资源配置，建立完善以基层医疗卫生机构为基础，老年医院和综合性医院老年医学科为核心，相关教学科研机构为支撑的老年医疗服务网络。通过新建、二级及以上医院转型等方式，积极发展老年医院、康复医院、护理院等医疗机构。推进二级及以上综合性医院设置老年医学科。老年医院、综合性医院等提供老年医疗服务的机构要加强胸痛、脑卒中等救治能力建设。积极推动老年医疗服务从以疾病为中心的单病种模式向以患者为中心的多病共治模式转变，将老年人综合评估和老年综合征诊治纳入老年医疗服务的基本范畴，有效建立以患者为中心的多病共治、多症共管、全人照护的整合医疗护理服务模式。强化老年人基层用药保障和管理，积极发展家庭药师，加强老年人的用药指导，有效落实老年人慢性疾病长期处方制度。大力推进医疗卫生服务向社区、家庭延伸，鼓励医疗卫生机构为居家失能老年人提供家庭病床、巡诊等上门医疗服务。促进优质中医药资源进社区、进家庭。开展老年友善医疗卫生机构创建活动，推动医疗卫生机构开展适老化改造，开展老年友善服务。所有医疗机构都要开设为老年人提供挂号、就医等便利服务的绿色通道。

（4）着力完善康复和护理服务。加快发展老年护理服务，构建以机构为支撑、社区为依托、居家为基础的老年护理服务网络。积极开展老年护理需求评估工作，根据评估情况，按需分类地为老年患者提供专业、适宜、便捷的老年护理服务。有条件的医疗机构应为老年人提供中医特色康复、护理服务。加强护理、康复医疗机构建设，鼓励医疗资源丰富的地区将部分公立医疗机构转型为护理、康复医疗机构。支持非建制乡镇卫生院转型为护理院。推进二级及以上综合性医院和三级中医医院设立康复医学科，支持乡镇卫生院（社区卫生服务中心）设立康复、护理床位。对社会力量创办的护理、康复等医疗机构在区域总量和空间布局上不作限制，支持社会力量连锁化运营护理站（中心），鼓励医疗机构与社区养老服务机构开展合作，为老年人提供一站式的康复护理服务。

（5）探索开展长期照护服务。积极探索建立从居家、社区到专业机构的失能老年人长期照护服务模式。实施老年健康与医养结合服务基本公共卫生服务项目，为失能老年人提供上门健康评估和健康服务。采取公建民营、政府购买服务、发放运营补贴等形式，支持社区嵌入式为老服务机构发展，支持各类医养结合机构接收经济困难的高龄、失能老年人。依托护理院（站）、护理中心、基层医疗卫生机构及具备提供长期照护服务能力的社区日间照料中心、乡镇敬老院等养老机构，为失能老年人提供长期照护服务。面向居家失能老年人照护者开展应急救护和照护技能培训，将失能老年人家庭成员照护培训纳入基本养老服务指导性目录。建立健全长期照护项目清单、服务标准以及质量评价等行业规范。强化特困人员供养服务机构护理能力建设。

（6）积极推进安宁疗护服务。建立机构、社区和居家相结合的安宁疗护工作机制，形成畅通合理的转诊制度。推动二级及以上医院肿瘤科、老年医学科等相关科室开展安宁疗护服务，设立安宁疗护病区或床位。支持基层医疗卫生机构开展社区和居家安宁疗护服务。鼓励医养结合机构开展安宁疗护服务，具备条件的可按相关标准开设安宁疗护病区或床位。加强安宁疗护机构标准化、规范化建设，支持有条件的地区建设安宁疗护中心。营利性医疗机构可自行确定安宁疗护服务内容和收费标准。非营利性医疗机构提供的安宁疗护服务，属于治疗、护理、检查检验等医疗服务的，按现行政策执行；属于生活照护、关怀慰藉等非医疗服务的，不作为医疗服务价格项目管理，收费标准由医疗机构自主确定。建立完善多学科安宁疗护服务模式，为疾病终末期患者提供疼痛、其他症状控制及舒适照护等服务，同时为患者及家属提供心理支持和人文关怀。加强安宁疗护常识宣传教育，将生命教育纳入中小学校园健康课程，提高社会对安宁疗护理念的认可度和接受度。认真总结安宁疗护试点经验，逐步扩大试点范围。

3. 保障措施

（1）强化政策支持。各地要积极出台扶持政策，在土地供应、政府购买服务等方面对老年健康服务发展予以支持和倾斜。加大对老年健康服务体系建设的财政支持力度，对符合条件的项目争取中央预算内投资支持，重点支持老年健康服务机构建设、老年医学研究和学科建设，以及老年医护专业人员培养和培训基地建设。加大对老年医院、康复医院、护理院及社区老年健康服务平台等服务机构的建设投入。制定完善上门医疗护理服务项目、内容、费用标准和医保政策。完善医护人员上门服务绩效工资内部分配机制，适当提高上门服务人员的待遇水平。全面建立经济困难的高龄、失能老年人补贴制度。在中央统一部署下，推动建立符合省情的长期护理保险制度。鼓励发展与基本医保相衔接的老年商业健康保险，满足老年人多层次、多样化的健康保障需求。

（2）强化学科建设。以康复医学为依托，积极争创国家级老年医学研究中心和老年疾病临床医学研究中心，同时在全省选择部分老年医院或综合性医院老年医学科，建设省级老年医学研究中心，积极打造技术创新平台。引导符合条件的高校和职业院校开设老年医学、药学、护理、康复、心理、安宁疗护等相关专业或课程，开展学历教育。加强老年健康相关科学研究和适宜技术的研发与推广，把老年健康相关预防、诊断、治疗技术和产品研发列入各级财政科技支持计划。

（3）强化队伍建设。加强老年健康人才培养，支持开展老年健康服务相关从业人员的继续教育，提高从业人员的素质水平。加大老年健康促进、老年医学及相关专业人员培训力度，建立完善培训机制，加强老年医学和老年护理培训基地建设。将老年医学和康复、护理专业培训纳入医疗卫生专业人员培训计划。扩大老年护理服务队伍，加快培养老年专科护士，发挥退休护士作用，鼓励其从事老年人护理指导、培训和服务等工作。加强医疗护理员和养老护理员培训，扩大老年护理服务队伍，补齐服务短板。完善老年健康相关职业资格认证制度和以技术技能价值激励为导向的薪酬分配体系，拓宽职业发展前景。

（4）强化信息支撑。依托卫生健康、民政、人力资源社会保障、医保等部门的现有信息，建立老年健康和医养结合服务管理信息系统，实现各类有关老年人的信息汇集、融合。积极探索“互联网+老年健康”服务模式，推动线上线下结合，开展网上预约、在线随访、健康咨询、远程医疗等服务，打造覆盖机构、社区、家庭的老年智慧健康服务网络。推进老年用品产业化发展，深化互联网、大数据、人工智能、5G、虚拟现实等技术应用，推广应用可穿戴的老年人健康支持技术和设备，探索开展远程实时查看、实时定位、健康监测、紧急救助呼叫等服务，建设一批智慧健康养老示范企业、街道（乡镇）和基地。

（5）强化组织保障。建立政府主导、部门协作、社会参与的工作机制，各地各有关部门要高度重视老年健康服务体系建设，将其纳入经济社会发展相关规划，纳入深化医药卫生体制改革、推进健康江苏建设和养老服务高质量发展的总体部署。完善公立医院考核评价制度，建立符合老年医疗特点的评价指标体系，加强考核评估，促进老年医院及综合医院老年医学科的发展。依托老年医院和综合医院老年医学科，建立老年健康和医养结合服务管理技术支持中心，为老年健康工作提供咨询指导、分析评估等技术支持。各地要结合实际制定老年健康服务体系建设的具体实施办法。

三、高校离退休人员的医疗健康服务措施

高校离退休人员的医疗健康服务措施如图 3-2-3 所示。

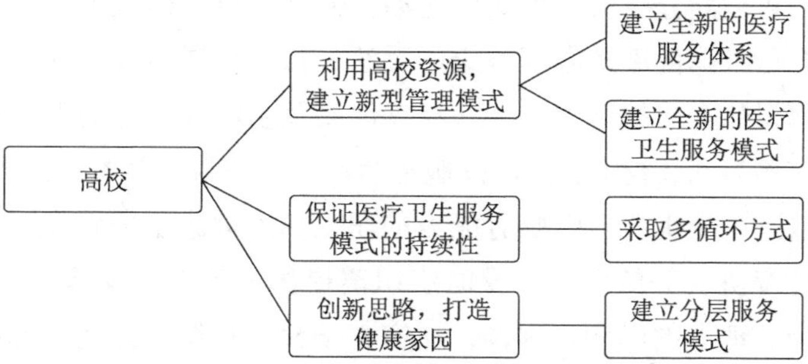

图 3-2-3　高校离退休人员的医疗健康服务措施

1. 利用高校资源，建立新型管理模式

就本质而言，人的心理健康及机体健康与服务管理存在关联，高校离退休人员医疗健康模式的可行性有待提升。传统高校离退休管理模式中，由于对医疗服务模式的关注度不高，导致离退休人员需要寻找定点服务医院，在其中接受体检，体检日期也不固定。随着医学高速发展，老年人的寿命延长，每年体检的高校离退休人员数量众多，原有的医疗服务模式无法满足新时期离退休人员的服务需求。对此，高校应当与医院联合，建立全新的医疗服务体系，使高校离退休人员能共同参与到定期的医疗体检中，从而保证离退休人员的身心健康；同时，建立全新的医疗卫生服务模式，实现横纵双向工作，让社区、家庭、医院、学校参与配合，有效提升高校离退休人员的身体及心理健康水平。

2. 保证医疗卫生服务模式的持续性

健康服务工作属于一项持续性的工作，单次循环过程中能解决离退休人员的健康问题，不断的循环能保证健康管理朝向目标不断前进。因此，在高校离退休人员健康服务过程中，应当采取多循环方式，保证个体及群体的健康过程具有持续性。自 2016 年以来，我国健康管理已经从典型健康管理过渡到精准健康管理。精准健康管理是通过精准检测及人工智能等，动态管理数据，为人们提供精准的检测依据。此类服务需要技术支持，提供服务者应当相互配合、相互信任、相互沟通。高校离退休人员文化程度较高，认知能力强，在接受健康服务的过程中，能有序接受各项服务，实现个体及群体的健康精准管理。

3. 创新思路，打造健康家园

在高校离退休人员管理过程中，应当将重心放在满足其物质需求及精神需求上，可建立分层服务模式。比如，强化与离退休人员的沟通，让他们表达对自己身体健康及心理健康的看法；强化离退休人员的自我价值意识，挖掘离退休人员的潜力，鼓励身体健康及生活能自理的离退休人员走向社会，多参与到高校组织的医疗服务活动中。在身体健康允许的情况下，高校服务管理人员也要多鼓励有能力的职工加入健康服务管理、老专家医疗、健康体育协会等队伍中，及时组织离退休人员参与体检及疾病治疗，解决身体及心理上的问题。这样，在完善学校医疗服务体制的同时，也能从多个角度为退休人员打造健康家园。

第三节　生活保障服务工作

我国是世界上老年人口最多的国家，人口老龄化将给社会发展和经济发展带来重大影响。我国也是一个以家庭养老为主的国家，随着社会主义市场经济的发展和计划生育的推行，我国的家庭养老遇到了一些困难，家庭日益核心化、家庭结构小型化给社会生活带来了新的变化，尤其是社会保障没有完全覆盖的广大农村出现了许多新情况和新问题。近年来，中国老龄学会在深入调查研究的基础上提出了中国养老的新模式，即坚持和完善家庭养老、走家庭养老和社会养老相结合的居家养老道路，积极创造形成一个以家庭养老为核心、社区养老服务网络为外围、社会养老制度为保障的居家养老体系，逐步建立家庭养老安全网、社会养老服务安全网和社会养老保障制度安全网。这三重安全网的建设构想既立足于中国国情，又顺应了人口老龄化的客观要求，而要真正建成这三重安全网，尚需经过长期艰苦的努力。解决离退休人员的生活保障问题的核心是解决离退休人员（老年人）的物质供养和生活照料问题。这两项内容主要涉及两个方面：一是老年人的经济保障；二是老年人的服务保障。

一、经济保障

当今社会如何才能使那些因年老体弱丧失劳动能力，不能从事体力劳动，不能以自己的劳动获取收入以换取生活资料的人们得到妥善安置，保证老年人老有所养，已成为举世瞩目的世界性问题。这也是我国人口老龄化过程中必须面对的重大问题之一。从国内外的大量实践与经验来看，要解决这一问题，必须采取一项重要措施——建立社会养老保障制度。自 19 世纪 80 年代社会保障制度产生以来，养老保险便一直成为极其重要的组成部分，发挥着不可替代的重要作用。

目前，几乎在所有国家中，养老保障制度都有待进行根本改革，中国也不例外，这是人口老龄化对养老保障制度的挑战。根据诸多专家的估计，如果保持现行的规定不变，在21世纪的上半叶，几乎所有国家用于发放养老金的费用就要增加1倍以上。若不对养老保障制度进行根本改革，许多国家会因此陷入危机。

中国的养老保险制度具有如下重要意义：建立完善的社会保障体系，为广大参保职工和离退休人员提供适当水平的基本生活保障；完善社会保障体系能够满足国有企业改革和经济结构调整的迫切需要，有利于促进我国经济的持续、快速增长，同时也是应对人口老龄化快速发展的需要。在基本养老保险这一方面，在老龄化的背景下，世界各国医疗保障改革的趋势之一是设立专门的老年医疗保险制度，并有专门的资金保证。但就我国目前的情况而言，设立专门的老年医疗保险制度显然还有很长的路程要走，需要增加国家投入、提高央企利润分红比例、部分划转养老保险等，但提高老年人的基本医疗保险待遇水平还是可行的。

要切实保证老年人的养老金增长水平与社会经济发展水平相一致，使老年人能够共享社会经济发展的成果，尤其要适当提高企业离退休人员的养老金水平。同时，政府要给予空巢老人一定的经济支持与补助，在日常生活中，时常去看望老人，及时送温暖。在配偶遗属补助、社会老人补贴等方面，也要适时提高待遇水平，以使那些主要依靠这些收入来源的老人能够维持基本生活。

二、服务保障

社会养老保险固然为老年人的物质生活提供了经济上的保障，但仅有社会养老保险并不能解决老年人的所有问题，老年人的服务保障多年来被人们所忽视，而它也是构成老年社会保障的重要内容之一。

针对我国现有国情，在养老模式的选择上应大力推进社会福利社会化，探索建立以居家养老为基础、以社区老年人福利和社会服务体系为依托、以老年社会福利机构为补充的具有中国特色的养老安老模式。

居家养老的老年人数虽然占了老年人的绝大多数，但还有一部分老年人由于无子女、无亲人、生活贫困等原因，需要由社会老年福利机构来供养。另外，随着市场经济的发展，人口流动性增大和家庭小型化的发展趋势，有经济收入的退休孤寡老人和子女不在身边的老年人数量逐渐增加，社会对无收入孤寡老人只能在敬老院对他们提供无偿服务和照护，对有经济收入但子女不在身边的老人则需要通过敬老院、老年公寓等多种设施提供有偿服务。而在与子女同住的老人中，有的因子女白天忙工作，老人一人在家得不到照顾，并且感到寂寞孤单，因此许多老人及子女都对“托老”服务有迫切的需求。

总之，伴随人口老龄化的到来，人们对社会养老服务保障需求的不断增长是一种必然现象。然而，我国的现实却是现有的老年人福利和服务设施严重不足。据《2021 年度国家老龄事业发展公报》显示，截至 2021 年年末，全国 60 周岁及以上老年人口 26736 万人，占总人口的 18.9%；全国 65 周岁及以上老年人口 20056 万人，占总人口的 14.2%。全国 65 周岁及以上老年人口抚养比为 20.8%。虽然我国养老服务的增长率非常快，说明养老服务的发展较快，但在发展的同时，我们也可以看到与实际需求的差距。

针对急剧增长的全社会对老年人服务保障的需求，应从多方面推进老年社会福利的发展。为此，应做到以下几点：

（1）重点发展一批老年社会福利机构，为生活不能自理而家庭又无力照顾的老人服务。国家办的福利院仍要作为窗口发挥示范辐射作用，从各方面大胆革新，进一步适应市场经济规律，在竞争中生存、发展、壮大。福利院应继续开展自费代养业务，以院养院，促进良性循环。

（2）积极走社会福利社会化的道路。从国家和民政部门来讲，福利事业的资金要逐步增大，仅靠目前的投入是远远不够的，还需要全社会对这项工作的重视和投入，多渠道筹措资金，充分发挥社会团体、民间慈善机构，以及私营、个体经济的作用，鼓励社会力量投资老年福利事业，兴办老年公寓、敬老院等老年福利设施。

（3）积极开展社区老年服务。对农村孤寡老人继续实行“五保”（保吃、保穿、保住、保医、保葬）供养，无劳动能力、无生活来源的孤寡老人由乡镇敬老院集中供养或在村里分散供养。城市中的无家可归、无依无靠、无生活来源的孤寡老人由社会福利院集中供养。对其他有困难的孤寡老人的供养，除享受规定的生活补助和最低生活保障救助外，还要依托区、街道、居委会，大力兴办社区服务设施，设立老年人服务项目，或通过开展包户、入户服务与“托老”等形式，为老年人提供各种福利服务。社区办托老所的优越性在于就地就近，便于家庭成员往来照顾。而且，社区办托老所投资少、经济实用，便于管理，适合我国老年人口众多、老龄化速度加快和经济尚不发达的国情。

在社区建设中，要特别注重“硬件”建设，包括公益设施、服务设施和环境建设，在资金方面可以开展有偿服务，以实业养事业，以服务养服务。通过社区提供广泛的老年服务保障，广大老年人能够就近得到服务和照顾，为居家养老创造条件。

（4）加强老年人社会服务队伍的建设。民政部门可重点扶持和发展社会工作专业，以有利于老年社会服务队伍及社会福利队伍自身水平的提高；建立不同层次的职业培训系统，为社会力量兴办社会福利事业提供专业的管理人员和服务人员。民政与劳动就业部门应积极协作配合，将经过培训的失业职工分流一部分到社区服务领域中来，这样既可以满足社区服务发展的需求，又可以缓解就业压力。同时，由社区服务中心牵头，在社区范围内建立志愿者队伍，并与老年人服务机构签订长期服务协议，以保证志愿者队伍的长期稳定。

（5）政府要重新调整管理社会福利事业的职能，变直接管理为宏观的行业管理。

首先，政府应在财政资助、用房用地、税收和水电等方面出台一些优惠政策，鼓励社会力量兴办老年社会福利事业，还应在对全社会养老需求方面进行定性、定量分析的基础上，科学合理地制定出当地老年社会福利事业的发展规划，从而避免布局不合理、重复建设和恶性竞争造成的福利资源浪费。

其次，政府可以给老年人提供为社会创造价值的就业机会，授之以鱼不如授之以渔，在保证其生活条件的同时又维护了老人的尊严。

再次，要尽快建立农村养老制度，推广实施社会基本养老不仅在城市，即使在农村也日显重要与紧迫。要设立专门的养老制度条例，形成律法并严格执行。

最后，要积极发展老龄产业，开拓老年消费市场。根据老年人口的特殊需求推动老龄产业发展。所谓老龄产业，就是指由老年消费市场需求增长带动而形成的特色产业。通过政府的大力扶持，真正将老龄产业发展起来，将发展成果真正惠及每一位老人。

三、增强离退休干部服务保障能力的建议

为更好地为离退休干部服务，我们要增强服务意识，提供优良的个性化服务，满足离退休干部的需要，可以从以下方面进行推进和完善。

1. 完善落实离退休干部生活待遇的保障机制

（1）完善落实离休干部的生活待遇。按照党和国家有关政策规定，始终坚持离休干部生活待遇“略为从优”和“就高不就低”的原则，保证离休干部生活待遇的落实。根据中央的要求和现有的经费渠道，坚持“单位尽责、社会统筹、财政支持、加强保障”的原则，确保离休费按时足额发放。

（2）健全离休干部医药费保障机制。按照国家对离休干部医疗保障的制度，参照地方有关规定，确保医药费用的资金按时足额安排到位。完善方便离休干部看病就医的具体措施。

（3）完善对有特殊困难离退休干部的帮扶机制。制定和完善困难帮扶制度和办法，加大工作力度，对有特殊困难的离退休干部给予适当照顾，帮助他们解决生活、医疗等方面的实际困难和问题。

（4）积极开展学习和文体活动，坚持“教、学、乐、为”相统一的原则，把政治性、思想性和科学性、知识性、趣味性有机结合起来。从有益于离退休干部身心健康出发，组织开展丰富多彩、积极向上的文体活动。从有助于激发学习兴趣、增强学习效果出发，合理设定教学科目。加强师资队伍建设，创新教学手段，提高教学水平。

2. 整合场所资源

离退休干部有一个特点，他们喜欢聚在一起聊天、开展娱乐活动等，而这些都需要有一个良好的活动场所。调查发现，有的单位离退休干部人数比较少，再加上有些离退休干部由于种种原因不能参加单位的学习与活动，导致虽然这些单位的活动场所比较大且类型比较全面，但这些活动场所的使用率比较低；而有的单位情况正好相反，人数多但活动场所小。针对这种情况，有必要进行活动场所的整合、互补，充分发挥这些资源的作用，提高活动场所的使用率。这样既可满足离退休干部聚在一起的愿望，也可使离退休干部能就近参加学习与活动。要实现这一目标，就需要各单位的活动场所对全社会的离退休干部真正开放，让他们无论到哪家单位的活动场所都备感亲切，真正使离退休干部有一个适宜的晚年活动场所。

3. 提高服务水平

随着老干部高龄化，很多离退休干部已不能经常到单位参加学习与活动。为照顾好、服务好离退休干部，使其舒心地居家养老，让离退休干部就近参加社区学习与活动、就近得到关心与照顾的方式是必需的。因此，单位应与社区联手，针对不同的人，在服务上采取必要的个性化考虑，帮助离退休干部解决生活中碰到的难题。由于离退休干部年事已高，有些离退休干部因身体原因不能到单位和社区参加学习和活动，但他们又时时牵挂单位和社区的情况，针对这种情形，单位和社区工作者可以采取上门为离退休干部服务的方式，为他们送上学习资料，并通过上门探访的形式向老干部宣传党的方针政策，介绍单位和社区的情况，解答老干部所关心的问题。

对一些生活自理能力差又独居的离退休干部，要特别给予关心和照顾，要做到随叫随到，切实服务好离退休干部。由于离退休干部年事已高，且有些离退休干部不和子女住在一起，对很多事都已力不从心，需要组织、社区的关心和帮助。因此，采取上门为离退休干部服务的方式，是为离退休干部服务的必要和有效的途径。

对就医保健需要提供照顾的离休干部，离退休工作人员需要提供个性化服务。在医疗上，由于医疗条件有限，还没有对离休干部实行全覆盖的干部医疗保健门诊，使部分离休干部在就医保健方面遇到困难。这些都需要离退休工作人员以对党和人民事业高度负责的精神，以对待家人的态度，全身心报以“保姆式”的服务，保证离退休干部的身心健康。

第四章　新时代高校离退休人员精神文化服务

党的十九大报告指出，满足人民过上美好生活的新期待，必须提供丰富的精神食粮。近年来，广大离退休人员的精神文化需求日益增长。随着我国人口老龄化浪潮的到来，离退休人员的队伍快速壮大，与社会普通离退休群体相比，高校离退休群体具有人数多、规模大、居住分散、收入较稳定、文化素养高、参与意识浓、归属性强、精神文化需求迫切等特点，他们的生活状况和精神风貌，将直接影响高校改革稳定发展的预期与精神文明建设水平的提高。因此，充分满足高校离退休人员多样性的精神文化需求，让他们晚年过得健康、幸福、快乐和充实，是当前高校离退休工作的一项全新课题与重要任务。

调研显示，高校离退休人员反映的问题主要集中在精神文化需求的满足和生活品质的提升上。老同志们普遍感到随着物质生活水平的提高，精神文化需求不能得到充分满足，他们渴望通过参加丰富多彩的精神文化活动来提升晚年生活的幸福指数。

南开大学老龄发展战略研究中心主任原新认为，老年人的精神文化需求虽然存在城乡、年龄、健康水平、生活方式、受教育程度等差异，但整体较以往有大幅增长。特别是 60~65 岁的城市老人，身体比较健康，物质条件较为丰裕，追求高质量精神文化生活的意愿特别强烈。时装秀、玩哈雷、滑冰、健身、滑翔……越来越多的老人，用看似特立独行的做法，刷新了人们对年龄的认知。

从温饱到小康，老人们腰包更鼓了，闲情逸致更多了。养老金连续上调十几年，惠及上亿名退休人员；我国已织起世界上最大的社会保障网，参加养老保险的人数超过 9 亿人，参加医疗保险的人数超过 13 亿人。原新指出："老人消费能力在提升，后顾之忧在变少。物质需求得到满足后，必然开始追求更高层次的精神文化生活和自我实现。"

原新认为，在现有的退休制度下，“闲不住”的老人会越来越多。一方面，他们体力较好、精力旺盛，有条件去追求丰富多彩的精神文化生活；另一方面，相对年轻人，他们的人生阅历更丰富、管理经验更老到、性格更沉稳，因此还有能力去再就业，创造财富和价值。发挥余热成了许多老人退休后人生规划的重要方面。

家庭小型化让老人负担变轻了。原新分析，计划生育导致老人需要抚养的第三代显著减少，闲暇时间更多，留给自己的可支配收入也更多。老人有条件去满足自己的精神文化需求，如组团出国游、发展兴趣爱好等。

移动互联技术架起活跃的“社交圈”。拼多多上组个团，“绿野”网上约个户外穿越，K歌软件小合唱，朋友圈里秀个图，发个抖音……越来越丰富的场景化网络社交软件，把老人们连接在一起，有效排遣了寂寞；网上订票、网络约车、网上订房……越来越方便的移动支付手段，让走出家门、出趟远门进行文化消费成为老人们越来越多的选择。曾一度被认为与时代脱节的老年人，正逐渐成为微信用户新的增长极。

补齐“供给”短板，让“老有所乐”更完善。老年人对精神文化生活品质有着越来越高的要求，在“供给侧”存在的短板需投入更多精力、财力加以突破。

第一节　做好高校离退休人员思想政治工作

思想政治工作是党的建设的重要组成部分，也是我党的优良传统和政治优势；是坚持党对教育事业全面领导的具体表现，也是学校各项工作的生命线。回顾党的辉煌发展历史不难看出，我党历来重视思想政治工作。思想政治工作的成功与否决定了我党革命和建设的成败。思想政治工作存在于我党工作的方方面面，高校离退休工作也不例外。进入新时代，离退休人员思想政治工作的环境、内涵、任务、途径等发生了很大变化，原有的经验已不能完全适应新时代离退休人员思想政治工作的需要，这就要求离退休工作人员仔细梳理离退休人员的新特点，厘清离退休人员思想政治工作的新规律，努力探索新方法，开辟新途径，创造新经验，从而更好地服务于广大离退休人员。

高校离退休人员是高校的宝贵财富，他们长期接受党的教育，具有较高的政治觉悟及强烈的事业心和责任感。他们虽然已经脱离了工作岗位，但仍心系大局，情系人民，关心着国家大事，关心着高校的改革、发展和稳定。研究和探索做好高校离退休人员的思想政治工作，是加强离退休职工队伍思想建设的基础，有利于充分发挥离退休人员的政治优势、经验优势、威望优势，维护好高校健康稳定发展的大局，对高校落实立德树人根本任务也具有重要的推动作用。

一、高校离退休人员思想政治工作存在的问题

1. 离退休人员思想政治教育内容简单，缺少人文关怀的力量和温度

在现实工作中，受离退休工作人员水平参差不齐、人手紧张，离退休管理工作经费投入不足，以及离退休人员居住分散、年龄结构复杂等因素影响，离退休人员思想政治教育内容一般比较简单，还停留在传统内容上。在日常工作中，思想政治教育的内容只是突出了政治性、目的性和先进性，缺少从离退休人员的需求多样性出发进行的人文关怀；由于受到家庭、知识、经验等内在因素的制约，离退休人员的思想和行为呈现出多层次结构。因此，思想政治教育内容要有针对性和可接受性，要转变思路，由原来的“管理型”转变为“服务型”，将过去的“简单传达灌输为主”向“亲情关怀”思路转变。

2. 离退休人员思想政治教育方法单一，缺少对离退休人员的吸引力

思想政治教育方法就是教育者和受教育者在思想政治教育过程中所采用的思想方法和工作方法。思想政治教育的一般方法有：疏导教育法，比较教育法，典型教育法，自我教育法，激励、感染教育法等。目前针对离退休人员的思想政治教育方法较为单一，缺乏系统性设计，开展的活动不能引起离退休人员的关注，从而不能激发离退休人员的积极性，不能充分发挥他们的聪明才智。

3. 离退休人员思想政治教育实效性不强，很难达到预期目的

所谓思想政治教育实效性，是指在思想政治教育过程中，通过一定的教育方法，对受教育者实施人生观、价值观、审美观等的教育所取得的实际效果。由于离退休人员思想政治教育内容简单、方法单一，未能达到引导离退休人员、激发离退休人员内生动力的目的，因而他们的理论知识和技术技能未能得到充分的应用，也失去了展示自我的机会，在人力、物力、财力等方面给高校和社会造成了一定的资源浪费。

二、做好高校离退休人员思想政治工作的意义

1. 构建和谐社会的需要

随着我国进入新发展阶段，新时期下离退休人员思想政治状况的好坏对构建和谐社会具有直接影响。离退休人员自身具备的特殊资源和优势，在推进发展的各项工作中发挥着重要作用。离退休人员是宝贵的人力资源，抓好离退休人员的思想政治建设，有利于离退休人员的思想和我国经济社会的发展相统一，能够充分发挥他们在政治、威望以及经验上的优势。另外，创新离退休人员的思想工作内容和方式，使其与时俱进，能够在一定程度上降低信访压力，帮助政府和高校做好信访的稳定工作，进一步维护社会的和谐稳定发展。

2. 保障老干部政治生活待遇、加强思想政治建设的必然要求

落实好离退休人员的待遇，是进行思想政治建设的重要基础。党和国家不仅要落实好离退休老同志生活、政治以及费用补贴方面的待遇，还要注重加强思想政治建设，引导其学习习近平新时代中国特色社会主义思想，使其珍惜光荣历史、坚定理想信念、永葆革命本色。另外，通过加强对离退休干部的思想政治建设，使其能够对十八大以来中央全面从严治党、反腐倡廉等举措有正确的认识。

三、做好高校离退休人员思想政治工作的途径

1. 用习近平新时代中国特色社会主义思想引领方向

习近平新时代中国特色社会主义思想是马克思主义中国化时代化的最新成果，是中国特色社会主义理论体系的重要组成部分，是当代中国的马克思主义，是指引离退休人员思想政治工作的行动指南。党的二十大报告提出要“做好离退休干部工作”。这是对离退休干部工作提出的总要求，内涵深刻，意义重大，充分体现了党中央对离退休干部工作的高度重视。

离退休人员虽然受党的教育时间长、觉悟高，但他们离退休后不是生活在真空里，社会上的一些不良现象在某种程度上必然会对他们的思想产生影响。因此，在新时代，要做好离退休人员的思想政治工作，首先要转变观念。要把对离退休人员的思想引导放在首位，引导广大离退休人员不管在什么岗位，都坚持“四个始终”，即始终保持公仆本色、始终牢记党员身份、始终坚持理想信念、始终保持对党忠诚的政治品格，把广泛凝聚广

大离退休人员的正能量作为价值取向。要使老同志的思想适应新形势、新时代的要求，不断用新科学、新理论、新思想、新技术充实自己，把开展思想政治工作与老同志“老有所学”紧密结合起来，坚持从长期引导入手，提高离退休人员的政治理论水平，使离退休人员的理论知识、法律知识、生活常识更加丰富，思想观念进一步更新，坚定地与党中央保持一致。其次，要加强对离退休人员的心理引导。随着年龄的增长，离退休人员各种疾病日趋增多，心理调节机能有所减弱，心理和精神方面的需求不断增强。这就要求离退休工作人员密切关注老同志的身心健康，及时进行心理上的沟通、精神上的慰藉。

2. 加强对离退休工作人员的培训，树立正确的服务理念

思想政治工作就是解决人的思想问题的工作，人既是思想政治工作的主体，也是思想政治工作的客体。在离退休人员思想政治工作中，离退休工作人员思想政治工作能力的高低、方式方法是否得当直接关系到能否做好离退休人员的思想政治工作。

离退休工作人员，首先要树立正确的服务理念。随着离退休人员高龄期、高发病期的到来，他们碰到的困难越来越多，需要组织的照顾和关怀。离退休工作人员在工作中要有爱心，强化服务意识，在党和国家政策允许范围内，想老同志之所想，急老同志之所急，尽力为他们排忧解难，把老同志思想政治工作纳入制度化、规范化的轨道，并确保老同志政治思想工作的健康平稳发展。要用发展的眼光看问题，树立发展观念，时刻关注社会变化。针对新形势、新变化，不断研究新的社会情况，更新自身的服务理念和思维方式，不断提升自身的知识水平和服务水平，培养自身的服务素养和思维观念，创造性地做好离退休人员的服务管理工作。其次，要有系统思维，树立全局性观念。要把老同志思想政治工作放在全单位思想政治工作的大局中去考虑，要意识到离退休人员思想政治工作关系到离退休工作的全部，关系到高校思想政治工作的实效，关系到社会的稳定和发展。

3. 创新活动内容，更新活动载体，解决离退休人员实际问题

把解决思想问题与解决实际问题相结合，是开展离退休人员思想政治工作的重要环节。思想政治工作既要有理论知识的灌输，又要通过开展丰富多样的活动引导宣传。

例如，定期组织情况通报会、时事形势报告会等，确保高校离退休人

员及时了解党的路线方针政策、国际国内形势以及本地区、所在高校的重要情况。依托离退休党支部，通过开展组织生活会、进行主题党日活动、建立学习小组、开办“老同志课堂”、设立“阅文室”等，加强思想政治教育，引导老同志政治坚定、思想常新、理想永存。大力培养离退休党支部书记，通过提升“领头雁”的政治理论水平，发挥“带头人”的思想引领作用。在重大节假日或者重要的时间节点，对离退休人员进行走访慰问，特别是对 80 岁以上的老同志，应逐户走访慰问，向他们传达关心和关爱，汇报党和国家以及高校所取得的重大发展成就。在重阳节期间开展敬老月活动，召开离退休老干部座谈茶话会，开展离退休老干部趣味活动，并为离退休老干部送上慰问品等。对生病住院的离退休人员进行看望关怀。通过电话了解身处外地的离退休人员的情况，为他们及时办理医疗报销等手续。为校园内的离退休人员办理校园优惠卡，建设离退休人员活动室，增添娱乐设施，建造温馨之家，增强离退休人员的归属感。

总之，做好离退休人员思想政治工作既是一项长期工程，也是一项系统性工程，需要树立全局思维和发展理念。面对新形势，离退休工作人员要加强理论学习，以习近平新时代中国特色社会主义思想指导离退休人员的思想政治工作，深入离退休人员当中随时了解新情况，分析新问题，树立新思路，寻找新途径，解决新问题，切实为广大离退休人员办好事、办实事；通过多种形式的教育活动，学习和宣传党和国家的发展理念、发展道路和发展方向，增强老同志的政治意识，不断引导老同志坚定理想和信仰，不断推动离退休人员思想政治工作迈上新台阶。

第二节 完善高校离退休人员的文体活动工作

新时代高校离退休人员具有人数多、规模大、居住分散、收入较稳定、受教育程度高、精神文化需求迫切等特点。做好高校离退休人员文体工作不仅可以使老同志们身心愉悦，也能够促进老同志与家人、学校和社会之间关系的和谐稳定。在开展文体工作过程中，既要避免一些认识上的误区，也要关注特殊的老年弱势群体，注意教育、培养和激励文体骨干，更要把握好开展工作的时机、进度和效果，营造良好的氛围，形成合力，打造优势品牌活动，扩大影响力，全方位做好高校离退休工作。

一、高校离退休人员文体活动工作存在的问题

目前，社会上、高校自身对离退休人员文体工作存在一些错误认识，一定程度上影响了离退休人员文体工作的顺利开展。具体而言，对于高校离退休人员文体工作，存在以下认识上的误区。

1. 离退休人员文体工作可有可无，作用不大

目前很多高校高质量发展面临教学、科研、学科发展、人才引进等方面的巨大压力。面对压力，高校将主要精力集中在教育教学、教研科研、学科发展和人才引进上，但离退休老年群体的教育、服务、管理工作也同样重要。离退休老同志是学校全面高质量发展的重要推动力量，涉及校园稳定、和谐、发展，也是校内典型的弱势群体和特殊群体，需要工作人员投入更多精力来关注、关心和支持。

2. 离退休人员文体工作对工作人员要求不高

离退休文体工作大部分是通过社团和协会的活动来体现的，活动的设计和方案的执行需要针对离退休人员的实际情况，做好安全预案。开展文体活动对离退休工作人员的要求比其他非离退休工作人员更高，活动的正常有序开展不仅需要精准把握突发活动预案、组织和协调，还需要工作人员提供更加细致、耐心的讲解和服务，这些都要求相关工作人员有过硬的业务素质和心理素质。

3. 离退休人员文体水平不高，要求不高

有这种认识的人普遍认为老同志参与活动比较随便，参与意识不强，重视程度不够，对场地、设备、服装等条件要求不高。诚然，有一部分老同志在参与各项活动的过程中确实不同程度地存在上述状况，但随着参与活动的深入，很多老同志对活动的组织和安排提出了更多的具体要求，这主要是由于他们以前在工作中就形成了认真的工作态度；另外，有不少老同志在职期间就是学校的文体骨干，退休后仍然热衷于文体活动。他们非常珍惜参加文体活动的机会，因为一方面可以更好地展示自己健康、乐观、向上的精神状态，另一方面可以获得更强的归属感和幸福感。

二、做好高校离退休人员文体活动工作的意义

1. 开展离退休文体工作能够促进高校和离退休职工的相互理解和支持

开展离退休文体工作，不仅可以使老同志感受到学校的关心和关怀、

领导的重视和支持，还可以使高校工作获得更多老同志的认可、理解和支持，同时也可以促进学校的精神文明建设。这是一个双向互动的过程，是促进校园和谐稳定行之有效的手段。对于高校离退休老同志而言，他们更加关心的是养生保健、“老有所乐”。如果学校在这方面给予老同志们更多的支持和关心，将起到事半功倍的效果。老同志们普遍有着很深的学校情结，他们为了学校的建设付出了青春和热情，离退休后仍然很关心学校的发展和建设。学校应该利用文体活动的机会向老同志们及时通报学校的发展建设情况，并提供一些与老同志们交流沟通的渠道，让他们能够参与到学校的发展建设中，深入了解学校的发展情况。

2. 开展离退休文体工作能够有效促进和谐社会的构建

一个社会的和谐需要全社会各个方面的努力。当前我国社会人口老龄化日趋明显，老年人口的占比还在进一步提高，可以说老年群体的和谐稳定很大程度上决定了社会的和谐稳定。开展离退休文体工作，可以丰富老年人的文化生活，促进相互之间的沟通和交流，让他们以更加年轻积极的心态面对生活，这对构建和谐社会具有重要意义。

3. 开展离退休文体工作有利于老同志强健体魄、保持身心愉悦、健康长寿

高校离退休老同志通过参与相关活动，不但可以发展自己各方面的兴趣爱好，而且能排解孤独感、寂寞感等不良因素的困扰，以更加积极健康的心态面对人生，还能获得认同感、满足感和成就感。据有关机构统计，经常参与各项文体活动的老同志比其他不参与的老同志更加健康长寿。

4. 开展离退休文体工作能够有效促进老同志家庭的和谐和睦

老同志是每个家庭的重要成员，他们的身体条件和心理状态往往会随时影响家庭的每一名成员。通过参加相关的老年文体活动，他们能够提高自己的身体素质和心理素质，让自己感觉更加舒适和年轻。家里的每名成员也能够感受到老同志的精神状态，被他们积极健康的心态感染，这有利于维护家庭的和睦。

三、做好高校离退休人员文体活动工作的途径

1. 学校要给予足够的重视和支持

离退休文体工作是高校工作的重要组成部分，需要得到学校的重视和支持。这些重视和支持不仅包括物质上的，还包括精神上的。从物质层面

来看，学校要对现有的文体场地、设施、器材、服装、道具等进行必要的维修、维护和补充更新；另外，学校还应该在资金和政策方面给予适当倾斜，以便更好地开展各项文体活动。从精神层面来看，学校应该鼓励老同志开展丰富多彩的活动，积极融入学校精神文明建设的大局，并且各级领导要主动参与进来，让老同志们从细节上体会到领导的关注、关心和重视。

2. 营造“老有所为”“老有所学”“老有所乐”的良好氛围

《中华人民共和国老年人权益保障法》中提出了“五个老有”，即“老有所医”“老有所养”“老有所为”“老有所学”“老有所乐”，其中“老有所医”“老有所养”是基本保障，“老有所为”“老有所学”“老有所乐”是主要途径和目标宗旨。老年文体工作主要涉及“老有所为”“老有所学”“老有所乐”三个方面。高校要加强对离退休工作的管理，转变思想观念、工作作风、行为模式，根据老年文体工作的特点，不断提升老年文体工作的服务水平，引导老年文体工作健康发展；要加强典型示范，及时发现并树立活动典型，发挥好典型示范的引领带动作用，促进老年文体工作上台阶、上水平；要通过必要的手段积极营造“老有所为”“老有所学”“老有所乐”的氛围，让更多的老同志走出家门，积极参与到更多的文体活动中，锻炼身体、延年益寿。

3. 加强离退休文体活动阵地建设，积极办好老年文体社团

离退休文体工作的主要依托是老年文体社团和老年大学。高校要抓好离退休文体活动的阵地建设，对老年文体社团按照自我管理、自我运行、自我教育、自我引导的原则进行规范、管理和支持。有条件的高校要积极参与创办老年大学，逐渐加强、规范老年大学的教学、管理、服务工作，积极提升老年大学的影响力和辐射力，真正做到使老同志“老有所为”“老有所学”“老有所乐”。同时，要注重离退休文体工作的优势品牌建设，通过组织各种高质量的、特色鲜明的活动项目，努力抓好精品创建工作，着力打造离退休文体工作的特色品牌，大力宣传和推广群众性文体活动的成果，充分展示广大离退休人员的精神风貌，扩大活动影响力，提升活动水平。

4. 统筹谋划，办好离退休文体活动

离退休文体活动是老同志“老有所乐”的重要载体，是老同志获取知识、信息的有效途径，也是高校思想政治工作的有效延伸和补充。高校离

退休职工管理部门要针对老年群体的特点开展丰富的老年文体活动，把握好时机、进度和效果的关系。抓好时机，就是要把握开展老年文体工作的重要时间节点和时间范围。把握进度，就是指相关活动的指导思想、方案设计、具体实施的方式方法，都要遵循老龄工作规律，符合高校离退休人员的生理、心理特点。注重效果，就是要保证高校老年文体活动的实际效果和积极作用。老年文体活动有利于促进老同志身心健康与和谐校园建设。

第三节　关注高校离退休人员的心理健康工作

高校离退休人员是一个特殊的群体，他们离开了自己长期工作的岗位，角色的突变容易使其内心非常不适应，从而产生失落感，甚至出现焦虑、抑郁等不良心理状态。在新时代，做好离退休人员的管理工作、关注离退休人员的心理健康是高校离退休工作的重要内容。针对离退休人员的心理特征和存在的问题进行分析，深入了解其心理状况，帮助其调整好心态并保持健康积极向上的心理状态，让离退休人员能安享晚年，是离退休工作人员义不容辞的责任。

一、高校离退休人员心理健康工作存在的问题

高校离退休人员是一个年龄跨度大、知识结构差异大、性格脾气不同、兴趣爱好不同、经济条件不同、家庭环境不同、身体状况各异的群体。他们多数从教学、科研、管理等工作岗位退休，退休后容易感到生活单调、孤独、无所事事。大多数离退休人员出现了体力和精力衰退的现象，普遍存在更重视生理健康，而对心理健康有所忽视的情况。离退休之后，许多人脾气和性格在一定程度上发生了改变，个别甚至出现了心理障碍和精神疾病。随着年龄的增长，他们有的体弱多病，有的家庭困难，有的成为遗属，有的成为空巢老人，逐渐成为需要社会倍加呵护的特殊群体。据调查了解，高校离退休人员由于居住分散，不便开展活动，互相交流情感的机会少，活动的范围、空间小，容易出现惆怅与不安的心理，精神容易消沉，在不同程度上存在气性、忘性、硬性、孤独性等心理问题，必须引起足够的重视。

1. 气性

高校离退休人员很多都具有高级职称、高学历，心气较高，退休后角色的转变让他们一时难以适应，容易产生不被尊重感，容易抵触新事物，

加上性子急躁，与人沟通时容易动怒。

2. 忘性

随着年龄的增长，老年人的记忆海马体开始缩小，记忆力开始退化。年纪越大越会经常忘事，如果沟通介入不及时，就特别容易与他人发生摩擦，产生不必要的矛盾。

3. 硬性

有些离退休人员脱离工作岗位后还继续保持原本固执、争强好胜的性格，不仅不容许别人提出反对意见，还特别喜欢给他人“提意见”，甚至有时说话不分场合，让周围人难堪，最终陷入一种恶性人际关系循环。

4. 孤独性

离退休之后，很多老人离开了原来单位的活动范围，开始了各自的生活，加上有的丧偶，有的变成空巢老人，这些都会影响他们的精神状态，容易引发情绪方面的问题，如果不及时发现并解决，那么后果不堪设想。

二、做好高校离退休人员心理健康工作的意义

1. 做好心理健康工作是离退休人员身体健康的需要

离退休人员因为年事已高，身体各器官功能逐渐减退，容易出现多种老年性疾病，如冠心病、高血压、糖尿病、阻塞性肺气肿、脑血栓、白内障等。这些疾病在很大程度上制约了离退休人员的活动，给他们的正常生活带来了很大的困难，也给他们的心理造成了沉重的负担。现代医学科学证明，心理健康和生理健康有着密切关系。当人们心理健康、情绪愉快、大脑神经处于最佳状态时，身体会分泌出有益健康的物质，如激素、酶和乙酰胆碱等，在体内起着调节血液及兴奋神经细胞的作用，使身体内部处于互相调节的状态，从而增强对疾病的免疫力和抵抗力。反之，心理负担过重、情绪不愉快，则会使大脑功能紊乱、内脏功能失调，从而降低身体对疾病的免疫力和抵抗力，甚至诱发各种疾病或加重病情。大量临床资料证明，心情忧郁、激动者，易患高血压、冠心病；长期有压抑和不满情绪者，易患癌症；性格孤僻、多疑者，易得精神病和神经官能症；易生气、发怒者，胃病的发病概率明显升高。马克思说：“美好的心情比十副良药更能解除生理上的疲惫和痛楚。”由此可见，健康的心理对离退休老人而言十分重要。做好心理治疗也是维护离退休人员健康的迫切需要。

2. 做好心理健康工作是离退休人员适应环境变化的需要

离退休人员从工作的舞台转向窄小的家庭天地，这种变化是人生的一大转折。有些离退休人员能够很快地适应这种变化，合理安排自己的衣、食、住、行；而有些离退休人员，特别是一些领导干部，会失去原有的心理平衡，容易产生自卑、孤独、抑郁等心理问题，影响神经内分泌系统而出现紊乱现象，引发高血压、冠心病、脑供血不足、糖尿病等多种疾病。因此，针对离退休人员所处环境的变化，及时做好离退休人员的心理疏导和治疗很有必要。要提高他们的心理适应能力，让他们以饱满的热情投入新的环境及生活，心情愉快地度过每一天。

3. 做好心理健康工作是离退休人员安度晚年的需要

人的心理情绪可以治疗疾病，也可以诱发疾病。因此，对于离退休人员而言，有一个健康的心理及愉快的心情是非常重要的。热情耐心地为离退休人员进行心理治疗，是医护工作者不可推卸的义务和责任。只有在全社会的共同努力下，才能使每一位离退休人员愉快地安度晚年。

三、做好高校离退休人员心理健康工作的途径

有学者研究发现，人类患有的65%~90%的疾病都与心理上的压抑焦虑感有关。加强高校离退休人员的心理建设是一项复杂的工程，需要学校、社会、家庭等多方面的努力。高校离退休工作部门作为老同志的“大本营”，与老同志的联系最为密切，要担负起为老同志做好心理健康工作这个重担。为达到这一目标，需要从以下几个方面开展工作。

1. 有效利用高校资源，构建新型管理模式

人的心理健康状况与是否进行科学恰当的管理有着密切的关系。高校离退休人员管理的体制和模式是否科学可行，对离退休工作起决定性作用，直接影响离退休人员的心理健康。传统的高校离退休工作采用一体化——集中管理的模式，就是由高校离退休工作部门全面负责全体离退休人员的服务管理工作，学校机关、教辅单位及各院系协助配合。这种统一集中管理的模式在离退休人员较少的情况下尚能运作。随着时代的进步，老年人的寿命普遍延长，退休人员的数量每年增加，离退休工作部门的工作人员却没有增加，这更加突出了高校离退休集中管理工作模式的弊端。因此，应该对高校现有的资源进行整合，建议构建设立专职分管领导、二级管理明细分工、保障资金到位和高校、社区、家庭“三位一体”的高校离退休

管理新型模式（见图 4-3-1），即学校应实施纵向人员管理，离退休工作部门具体实施宏观方面和资金协调工作，各院系开展具体管理工作的横向立体模式，所在社区逐步参与，家庭配合。实践证明，这种新高校离退休管理模式能更好更有序地开展工作，保障老同志的心理健康。

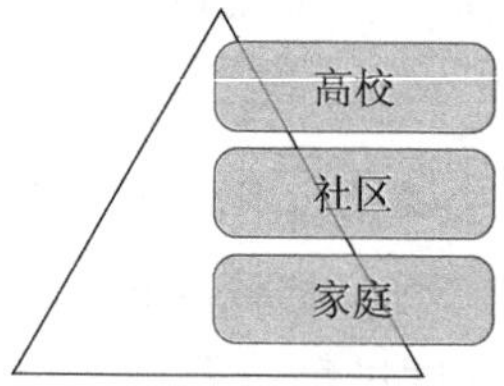

图 4-3-1　高校离退休管理新型模式

2. 不断更新心理建设理念，关注心理健康

要不断维护、提升离退休人员的心理健康状态，就必须做好他们的心理护理工作。随着年纪的增大，身体疾病会自然而然地出现，离退休人员在认知、情绪等方面的功能都会弱化，会出现焦虑、抑郁等心理问题，这时他们就更加需要心理上的关心。首先，要合理安排好离退休人员的晚年生活；其次，要积极引导他们处理好健康、疾病、生活质量等方面的关系，组织各种专题保健讲座来普及健康知识，增强离退休人员的自我保健和防病意识，提高他们的心理自我调节能力，帮助他们养成健康的生活习惯；然后，定期对离退休人员进行身体健康和心理健康排查，对高龄及空巢老人给予特殊关爱；最后，对已经产生心理问题的离退休人员进行干预疏导，使他们的晚年过得有质量、有保障，更幸福、更快乐。

3. 加强心理环境的建设，注重人文关怀

心理环境对心理健康至关重要，和谐的心理环境有助于离退休人员形成积极健康的心理状态。首先，在媒体上要大力加强对尊老爱老这一中华民族优秀传统的舆论宣传，在社区范围内要积极推进建立文明家庭的宣传，树立良好的学习榜样；其次，要广泛普及老年人心理卫生知识，让他们能及时注意并克服紧张消极的情绪；最后，要鼓励高校离退休人员积极参加各种健康向上的文化娱乐兴趣小组或者去读老年大学，真正做到老有所为、老有所学、老有所乐。

4. 创新思路、理念，打造康乐家园

以往高校离退休管理人员的工作重心是最大限度地保障离退休人员物

质待遇政策的落实，在目前的新形势下，应转为更加注重满足离退休人员精神层面的需求。首先，应该加强离退休人员的自我价值意识，继续挖掘离退休人员的智慧和潜力，鼓励那些身体较为健康、生活能够自理的老同志多走出家门、走向社会。在学校的教学、科研发展等方面多多听取离退休人员的意见，这样不仅能让他们为学校的发展作出贡献，也能体现离退休人员的自我价值，使他们在发挥余热的过程中获得心理和精神方面的愉悦，从而真正体现离退休人员“老有所为”。其次，对于那些鳏寡孤独、空巢老人，应多关心慰问，及时了解他们的需求，最大限度上给予满足。最后，应该整合资源，构建单位、社区及家庭“三位一体”的服务管理模式，强化主体意识，努力营造良好的社会氛围，打造新时代的康乐家园。

5. 加强统筹谋划，全方位提升服务水平

从事离退休工作的服务者，必须具备较强的专业知识和服务意识。学校要加强顶层设计，运用系统思维谋划离退休工作，及时落实好离退休人员的政治、经济待遇，对于他们提出的要求要及时反馈，杜绝因政策不兑现、服务跟不上、问题不解决而造成的老同志心理上的困惑。同时，高校离退休工作人员要不断地提升自身的业务能力和综合素质，增强工作能力，不断开创新的服务模式，努力提高服务水平，以优质的工作质量来保证老同志安享晚年，提高幸福指数，做到真正的老有所乐。

第五章　新时代高校离退休人才作用发挥

老有所为是我国老龄工作争取实现的六大目标之一，也是我国迎接人口老龄化挑战的一项重要战略措施。党和政府十分重视在两个文明建设中发挥老年人才的作用。近年来，我国广大老年人才群体在社会稳定和社会主义物质文明建设及精神文明建设中，发挥了应有的作用，作出了积极的贡献，受到全社会的欢迎和认同。进一步开发老年人才资源，不仅关系着老龄社会的繁荣和可持续发展，还关系着老年人的生命质量和生活质量的改善和提高。因此，需要政府、社会等给予大力关注和支持。

第一节　离退休人才价值

习近平总书记在会议上指出：广大离退休干部是党和国家的宝贵财富，要让所有老年人都能老有所养、老有所依、老有所乐、老有所安；让每一位老人都能生活得安心、静心、舒心，都能健康长寿、安享幸福晚年。会议精神为离退休工作指明了工作目标和任务。同时，离退休服务管理工作政策性强、涉及面广，是一项极为复杂的系统工程。做好离退休工作，既是国家和单位的要求，也是广大离退休人员的强烈愿望，更是离退休工作部门的职责和使命。面对新形势新情况新问题，如何开展离退休工作意义重大，是我们必须面临的重要问题。

一、政治可靠，值得信赖，具有政治优势

在高校的离退休教师中，有许多是共产党员，他们大多经历了艰苦卓绝的革命战争和紧张的社会主义建设和改革开放时期，政治觉悟高、精神境界高、工作热情高、原则性强、责任心强、是非分明，在长期的革命、建设和改革工作实践中积累了丰富的经验。在推动党史学习教育常态化常效化过程中，他们能对年轻党员起到传、帮、带的作用，让优良的传统和扎实的作风在新一代年轻党员中发扬光大。离开工作岗位后，他们坚持退

休不褪色，依然在党组织的领导下与时俱进、思想常新，是推进学校事业发展的一支值得依赖的队伍。

二、时间充裕，分布广泛，具有时间优势

与在职人员不同的是，离退休人员离开工作岗位后，没有工作压力和硬性工作任务，时间非常充裕。随着高校高质量发展的逐步推进，离退休人员更愿意在自己熟悉的单位及社区活动，他们与师生有着广泛的接触，了解师生的所思所想所盼，掌握民情舆情，这种优势是在职人员无法比拟的。

三、长期实践，经验丰富，具有经验优势

夏先良先生在《知识论》一书中指出：知识是指导以一切形式表现的人类智力劳动的创新成果或产品，知识的存量不仅仅包括新知识，而且包括人类所掌握的一切知识。① 由此可见，尽管知识有新知识和旧知识之分，但不论是新知识还是旧知识，作为人类认识的结晶是不会老化的。人才学专家提出的“双峰曲线”理论也印证了这一点。该理论认为，知识分子的最佳年龄区在25~45岁之间，峰值年龄为45岁。但人与人之间并不一样，有些人创造力双峰曲线第一峰出现在42岁左右；到56岁左右，创造力再度高涨，出现第二峰。这些理论表明，许多人60岁以后仍具有相当的创造力。现实中老有所成、老有大为者大有人在，如齐白石、巴金、谢冰心、朱光潜等。在国外，无产阶级革命导师恩格斯在74岁时完成了马克思《资本论》第四卷的整理工作；意大利天文学家伽利略在79岁去世前，发表了两篇最著名的天文著作；美国的爱迪生在七八十岁时仍有许多发明；英国著名生物学家达尔文73岁时出版了《论蚯蚓作用下腐殖土的形成》一书。理论和实践都已证明，离退休人才的开发利用是可行和必要的。对于高校来讲，开发利用老年人才资源，是学校人才资源整体开发的一个重要组成部分，是贯彻党的老龄工作方针的客观要求，也是学校事业发展的内在需要。

高校离退休人员具有丰富的阅历、知识、经验，是日积月累、不可多得的巨大财富，也是高校宝贵的人力资源。有些退休前长期工作在教学、管理第一线，积累了丰富的教学实践经验和管理经验，在很多方面都有自己独到的见解；有些在自己的学科领域有所建树，相比较而言，他们更具

① 夏先良．知识论［M］．北京：对外经济贸易大学出版社，2000.

有独立思考的能力，更善于发现和研究解决问题。随着物质和文化水平的提高，加上医疗卫生条件的改善，人们的寿命普遍延长，老同志的健康状况有了质的提高。如何充分调动离退休教师的积极性，发挥他们经验足、热情高、时间多的优势，为高校的教学、管理贡献力量，显得尤为重要。

四、为师生谋利，心系学校，具有威望优势

艰苦的成长经历，长期的教学或管理经历，使高校离退休人员对群众工作有着更深的理解。“从群众中来，到群众中去”“一切为了群众，一切依靠群众”的工作理念深深地刻在他们心里。正是这种认识，锻造了一大批得民心、受拥护的好干部、好党员。在职期间，他们以师生是否满意作为衡量工作得失的标准，扎实工作，在群众中享有极高的声望。

五、离退休人才的开发利用能够创造巨大的社会价值

一方面，离退休人才利用充裕的时间对几十年在教学、科研和各种实际工作中积累的知识、技能和经验进行梳理总结，著书立说，使得 60~70 岁这段时间成为他们理论研究和学术成果最丰硕的时期之一。同时，大量的离退休人才投身于继续教育、民办教育事业并成为主力军，在学生升学、社会人员就业、缓解社会对人才的需求等方面作出了显著的贡献。另一方面，离退休人才在培养造就大量人才、创造大量精神财富的同时，仍然承担和参与着科研项目，他们积极开展科学研究并取得了丰硕的科研成果，有些科研成果甚至能直接转化为生产力，取得相当可观的经济效益，为国家和社会发展创造巨大的物质财富。

六、离退休人才的开发利用能够适当缓解人才供不应求的矛盾

我国虽然劳动力数量较多，但高质量人才资源却不充足，对应于新时代中国特色社会主义经济建设对人才的需求，还有不少缺口。高校作为一个社会组织单元，也面临着同样的状况。而离退休人才属于成熟期人才，具有诸多优势，在不需要很多投入的情况下就能创造出成倍的价值。重视和开发离退休人才的价值，不仅可以缓解当前社会发展和高校自身发展中人才不足的压力，而且有利于带动中青年人才成长，对促进经济社会可持续发展具有重要意义。

七、离退休人才的开发利用有利于实现积极老龄化的目标

1990 年，世界卫生组织提出“健康老龄化”的口号，即注重提高老年

人的生命质量，缩短生命带病期，使老年人以正常的功能健康地存活到生命终点。2002年，联合国提出以“健康、参与、保障”为主要内容的“积极老龄化”口号，即尽可能增加健康、参与和保障机会的过程，以提高人们老年时的生活质量。如今，促进老年人健康，创造老年人参与社会的条件已经成为国际上普遍接受的观点，成为各国政府老龄政策的重要组成部分。从健康老龄化向积极老龄化的转变符合马斯洛需求层次理论。根据该理论，健康、安全属于低层次的需求，而尊重和自我实现属于高层次的需求，人们在满足低层次需求的前提下才会追求高层次需求的满足。对于离退休人才而言，低层次需求的满足不是问题或者问题不大，主要问题是如何满足高层次需求，即尊重的需求和自我实现的需求。对离退休人才的开发利用，可以使其在“老有所为”中被赋予新的社会角色，获得更多的社会资源，与社会产生更多的、更直接的、更积极的交流，在获得社会尊重的过程中体现人生的价值，从而实现积极老龄化的目标。

第二节　离退休人才作用发挥途径

充分发挥离退休人才的作用，要从实际出发，立足学校，服务社会，拓宽渠道，理顺关系，精心组织，为“老有所为”营造良好的环境和氛围，根据“自愿、量力”的原则，把学校的需求与离退休人才的专长和志趣结合起来，使他们继续利用自己的经验和智慧，为学校的改革、发展和稳定服务。同时，也要积极为离退休人才在各高校间进行交流创造条件。

一、充分发挥离退休人才在教学方面的作用

一是为缓解师资紧缺的问题，除聘请业务基础好、教学经验丰富、教学责任心强、身体健康的离退休教师承担教学任务外，还可聘请部分身体较好、学有专长、教学和管理工作经验较为丰富的离退休教师和干部担任校院两级教学督导，加强对研究生、本科生和成教生的教学过程的检查、督导和评估，这对促进教学改革、加强教学管理、提高师资水平和教学质量具有十分重要的意义。老同志既有高深的专业知识，又有丰富的教学和管理经验，还有充裕的时间保证，而且他们做事认真，处事从容，功利意识淡薄，使得他们的督导更具有公平性与权威性。因此，应发挥老同志的作用，积极探索教学督导工作新方法，以适应高校教学改革的不断深化和教学管理模式的不断创新。二是通过“传、帮、带”等方式培养青年教师。

离退休老教师教学经验丰富、知识渊博，德高望重；相反，许多青年教师各方面都缺少经验，他们迫切需要学术带头人或富有经验的老教师的精心指导，帮助其确定专业方向，拓宽知识面，练好基本功。因此，应发挥离退休人才的特点，通过“传、帮、带”等方式指导青年教师工作，在教学和科研中发挥指路和“点拨”作用。除了在教学和科研上对青年教师进行指导，通过言传身教也能在职业道德、个人品格、治学态度、工作作风、协作精神、教书育人等方面为青年教师树立榜样，使他们能尽快成熟起来，进而胜任高校教师工作。三是鼓励、支持部分老教师著书立说和参与教材编写、审定工作。

二、充分发挥离退休人才在大学生思想政治教育方面的作用

要重视发挥离退休教人才在全面贯彻落实《关于新时代加强和改进思想政治工作的意见》方面的独特作用。一是邀请具有丰富党建工作和思想政治教育工作经验的离退休人才参与学生思想政治教育研导组和关心下一代工作委员会的工作，可以聘请他们担任校院党校教师、组织员、学生班主任和政治理论研究会辅导员等，组织他们举办专题报告会、热点问题讨论会、心理咨询谈心会等，在学生素质教育、专题教育、形势任务教育中充分发挥他们的政治优势，为学生的全面发展和健康成才服务。同时，鼓励他们参与大学生的思想政治教育活动，讲述人生的经历和成长的历程，引导和帮助大学生学习习近平新时代中国特色社会主义思想，同时以爱国主义为主旋律进行中华优秀传统文化、革命文化和社会主义先进文化教育，进行社会公德、职业道德、家庭美德教育，进行国情、政策和民主法制教育，让学生坚定社会主义理想信念，树立科学的世界观、人生观、价值观。二是充分发挥离退休老教师社会经验足、人生阅历广的优势，做好大学生心理疏导和危机干预工作，及时发现并消除他们心理上的困惑，帮助他们缓解心理压力，提高心理素质，使他们得以健康成长。

三、充分发挥离退休人才在科研服务方面的作用

一是为推进学校科技创新，增强科技实力，聘请部分身体较好、长期从事科研工作、学术水平高、经验丰富的离退休教师继续协助课题研究攻关、研究生培养，以及指导青年教师进行科研工作。二是聘请部分离退休人才开展科技检查和评估活动。三是发挥离退休人才在学校的产业开发、

科技推广、科技普及、支农服务等方面的作用。四是积极支持离退休人才走出校门从事科学研究、科技服务、兴办产业等活动。比如，深入农村一线助力乡村振兴，结合当地农村生产特点和生产需要，开展“送教下乡”活动，举办各种专项实用新技术培训班、科普讲座，让那些文化水平较低、没有专业技能的农民有机会学习和接受农业新品种、新技术、新方法，接受面对面、手把手的技能培训，以此更新观念、提高生存和发展的技能；组织离退休职工参加老年科协、老年工程师协会，发挥余热。事实上，部分老同志在科研、科技下乡等工作中仍然活跃，且做出了不俗的成绩。

四、充分发挥离退休人才在服务管理方面的作用

一是聘请离退休人才参与学校的有关专题调研工作，为学校重大事项决策当好参谋助手。二是组织离退休人才参与学校的离退休服务管理工作、老年教育工作、社区和校园管理工作及社会公益性活动。三是定期召开离退休教职工座谈会，邀请离退休人才为学校改革和发展建言献策。四是充分利用离退休人才的优势和作用，返聘身体健康、精力充沛、能够胜任岗位工作的离退休老教师，让他们继续发挥余热。由于许多高校处于快速发展期，根据工作需要，可选择部分暂时无人替代的岗位，按照本人自愿且身体能胜任工作的原则，暂时返聘一些政治觉悟高、业务能力强、工作经验丰富的离退休老教师，让他们在这些岗位上继续发挥业务专长，并抓紧培养能胜任岗位职责的年轻接班人。

五、建立高校离退休人才资源信息库

参照人才信息资源库的模式，采集愿意继续从事教学、科研工作，身体健康，离退休前担任过高级专业技术职务的教师的有关信息，建立学校离退休人才资源信息库，并在校内校外实现资源共享。例如，在闽南地区的厦门大学、集美大学、华侨大学、厦门理工学院等众多高校的离退休教师中，在理学、工学、经济学、管理学、哲学、法学等各个学科领域内，不乏教学经验丰富、科研能力强的专家和学者，通过信息库，各高校（包括民办高校）都可方便地找到自己急需的人才，有利于缓解当前高校师资力量不足的矛盾，促进高等教育健康可持续发展。

第三节　离退休人才作用发挥机制

机制是指各要素之间的结构关系和运行方式，在社会学中的内涵可以

表述为“在正视事物各个部分的存在的前提下，协调各个部分之间关系以更好地发挥作用的具体运行方式”。要使“老有所为”工作顺利有效地开展，体制机制建设是重要保证。要积极探索做好“老有所为”工作的新思路、新机制，制定继续发挥离退休人才作用的具体措施，认真研究和解决“老有所为”工作中遇到的新情况和新问题。

一、实行弹性退休和返聘制度

我国执行的“一刀切”式的离退休政策产生于20世纪50年代，随着人们预期寿命的不断延长，该政策逐渐不再符合人才成长发展的规律，已经滞后于社会经济的发展。男60周岁、女55周岁的离退休年龄标准对离退休人才的人生价值、工作绩效、经济收入和精神心理等方面都会产生一定的影响，不利于充分发挥人才的价值。在某种程度上，人才是没有年龄限制的，离退休人才同样可以为社会作出重要的贡献。而且，现行离退休政策规定预期寿命更长的女性比男性早退休5年，对女性而言是不太公平的，也限制了老年女性知识分子社会价值的发挥。

为了实现人力资源的充分利用，高校可以对不同学历、不同类型的人才实行弹性离退休制度，通过延聘、返聘等方式让离退休人才继续为国家生产建设服务。根据工作需要和本人健康状况返聘回岗的，年限也不宜“一刀切”，身体不好的可以随时离岗，身体好的可以适当延长工作年限。另外，根据不同岗位的工作特点和离退休人员的意愿或身体状况，可以实行全日制、半日制、不坐班等弹性工作制，工作围绕健康转，能干多少是多少，并采取相应的弹性报酬制度。

二、建立健全高校离退休人才工作组织和机制

健全完善关心下一代工作机制，吸收离退休老教授参加教学督导组、科研指导组，使离退休老教授的多种优势得到充分发挥。建立各类老年协会，如老年科技协会、老教授协会，并定期开展各种活动，进一步发挥离退休人才的专业特长。建立高校离退休老教授信息网，为离退休老教授的校内外流动提供更加便捷的平台。根据老同志的身体状况及专业特长，面向校内外逐步建立多形式、多层次、多渠道的离退休人才开发机制，如专业返聘、科技咨询、项目决策与规划、工程论证等，使高智力人才各尽所能、各尽其才。切实推行“导师制”，返聘离退休学术权威担任青年教师的

导师，发挥“师承效应”，形成学科梯队，使各学科后继有人。建立高校离退休老教授咨询组织，服务学生成长成才，助力学校高质量发展。

三、营造人性化环境激励离退休人才

营造政治上受信任、工作上受重视、人格上受尊重、生活上受关怀的人性化环境，提高离退休人才的“心情舒畅指数”，不仅有利于其发挥才能，而且有利于他们的身心健康。用公平的待遇激励离退休人才，让继续工作的老同志获得合理报酬，激励他们干事的活力，避免产生心理上的不平衡感，实现代际和谐、族群和谐。同时，离退休人才为社会作贡献，重新全面系统融入社会，改善政治上的边缘化，克服心理上的孤独化，有利于实现个人与社会的和谐。

第六章　新时代离退休老人的主观幸福感

——以江苏省为例

第一节　江苏省离退休老人主观幸福感的影响因素

一、江苏省离退休老人生活现状

1. 江苏省老人基本数据调查

(1) 江苏省老年人口数量地区分布

随着中国人口老龄化的不断加剧，中国快速进入老龄化社会，60 岁及以上的老龄人口数量增多，独居、孤寡的空巢老人也正以前所未有的速度增长。

2020 年调查数据显示，江苏省不同地域老年人口数量差异很大。表 6-1-1 直观呈现了江苏省 60 岁及以上、65 岁及以上以及 80 岁及以上老人的数量及性别比（以每 100 位女性所对应的男性数目为计算标准）。

表 6-1-1　江苏省 60 岁及以上、65 岁及以上以及 80 岁及以上老人的数量及性别比

城市	60 岁及以上		65 岁及以上		80 岁及以上	
	人口数/万人	性别比	人口数/万人	性别比	人口数/万人	性别比
合计	1850.5	96.6	1372.7	95.1	288.0	83.2
南京	176.8	98.7	127.6	98.7	27.4	92.5
无锡	147.4	97.5	109.3	96.9	20.7	95.2
徐州	177.2	93.6	133.7	91.8	28.6	70.2
常州	105.6	95.3	78.5	92.9	15.5	85.0
苏州	216.2	95.5	158.6	92.4	31.9	79.6
南通	231.9	91.4	175.2	90.6	44.6	80.7
连云港	93.8	92.8	67.3	92.1	13.5	90.2

续表

城市	60岁及以上		65岁及以上		80岁及以上	
	人口数/万人	性别比	人口数/万人	性别比	人口数/万人	性别比
淮安	103.8	96.7	74.8	93.7	15.5	78.3
盐城	183.3	96.8	133.4	95.9	25.6	86.5
扬州	118.6	95.6	91.2	93.8	17.5	79.6
镇江	75.6	97.7	56.2	95.7	10.3	83.3
泰州	127.5	98.6	99.3	96.2	21.8	71.7
宿迁	92.6	97.2	67.6	95.8	15.0	83.1

由表6-1-1可以看出，南通市、苏州市、盐城市的60岁及以上老年人口数量较多，老龄化程度日益加深，而在镇江和宿迁等城市，60岁及以上老年人口数量较少。在男女比例方面，老年人口中女性人口均比男性人口多，在南京、镇江、泰州等城市，60岁及以上男性老龄人口比例相对较高，而在南通、连云港等城市，60岁及以上男性老龄人口比例相对较低，男女人口比例差距较为明显。

（2）江苏省老龄人口健康状况分析

人口老龄化与老年人口健康状况息息相关，因此调查研究老年人口健康数据变化以及城乡空巢老人健康状况具有重要意义。江苏省人口普查领导小组办公室公布的2015年及2020年1%人口抽样调查结果中关于老年人口健康的部分数据见表6-1-2。

表6-1-2　2015年及2020年1%人口抽样调查结果中关于老年人口健康的部分数据

单位:%

城市	2015年				2020年			
	健康	基本健康	不健康，但生活能自理	生活不能自理	健康	基本健康	不健康，但生活能自理	生活不能自理
南京	48.09	42.84	7.53	1.54	50.22	42.27	6.34	1.17
无锡	62.24	31.15	5.17	1.44	68.32	28.05	2.60	1.03
徐州	44.36	39.23	14.24	2.17	43.94	40.33	14.12	1.61
常州	58.91	32.13	6.52	2.44	62.19	30.05	5.40	2.36
苏州	60.48	33.55	4.93	1.04	64.94	30.34	4.03	0.69

续表

城市	2015 年				2020 年			
	健康	基本健康	不健康，但生活能自理	生活不能自理	健康	基本健康	不健康，但生活能自理	生活不能自理
南通	50. 99	35. 14	11. 39	2. 48	50. 26	35. 01	12. 62	2. 11
连云港	49. 12	35. 39	13. 97	2. 12	55. 12	30. 10	13. 18	1. 60
淮安	45. 45	39. 35	13. 12	2. 08	46. 60	39. 14	12. 54	1. 72
盐城	48. 80	36. 45	12. 90	1. 85	50. 18	34. 76	13. 74	1. 32
扬州	57. 15	34. 79	6. 54	1. 51	56. 91	35. 60	6. 17	1. 32
镇江	57. 28	34. 56	6. 57	1. 58	56. 25	36. 10	6. 20	1. 45
泰州	53. 93	34. 28	9. 75	2. 04	54. 33	33. 95	9. 85	1. 87
宿迁	36. 52	42. 51	18. 62	2. 34	36. 71	41. 24	20. 12	1. 93

从表 6-1-2 中的数据可以发现，2020 年较 2015 年健康人口有明显增加，而不健康、但生活能自理的人口及生活无法自理的人口均有明显减少，这充分体现了江苏省老年人口健康情况有了较大的改善。另外，老年人口健康存在较大的地域差异，如苏州市及无锡市的老年人口健康状况较为良好，宿迁市的老年人口健康状况则较差。

2. 江苏省空巢老人基本信息调查

空巢老人作为老年人中的一个特殊群体，已成为人口老龄化过程中凸显出来的不容忽视的重大社会问题。如何有效地加强空巢老人的养老服务，是践行科学发展观、弘扬中华民族传统美德、建设社会主义和谐社会的重要内容之一，也是摆在政府和社会面前的一个极为重要的现实问题。

为了解和掌握江苏省空巢老人的现实状况，以引起党委、政府重视，呼吁全社会关心、关注这一老年特殊群体，特针对全省空巢老人的生活问题开展了专项调查。

(1) 空巢老人家庭状况及居住情况

众所周知，家庭状况与经济社会发展情况密切相关。探究空巢老人的居住状况，对研究提升空巢老人的幸福感具有重要意义。通过图 6-1-1 可明显看出，2015—2022 年，江苏省各地 60 岁及以上空巢家庭占当地家庭户的比例均有所上涨，其中盐城市涨幅达到了 3. 07 个百分点，需引起全社会的高度重视。

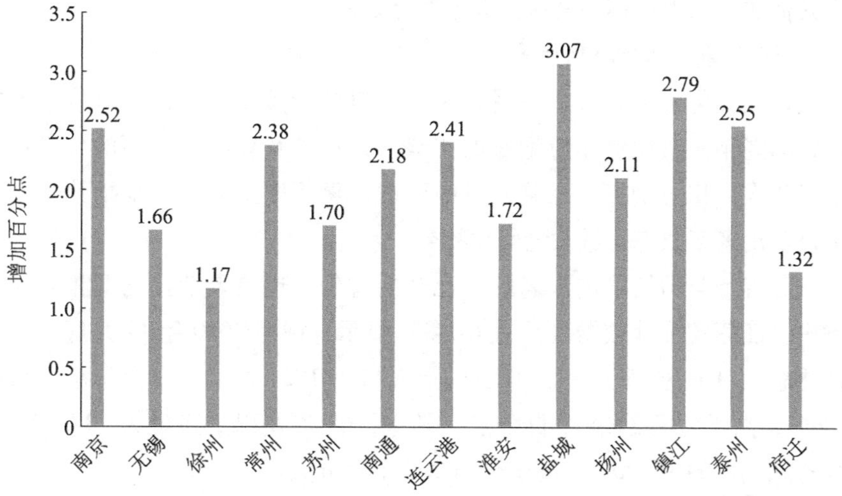

图 6-1-1　2015—2020 年江苏省各地 60 岁及以上空巢家庭占比增长情况

（2）空巢老人经济来源及变化

经济条件是养老环节中十分重要的一环，是否有足够的经济基础在某种程度上决定着空巢老人独自生活能否得到保障。调查发现，江苏省 60 岁及以上老人经济收入主要来源于离退休养老金、其他家庭成员供养和劳动收入，分别占比 38%、28%和 28%，剩余部分来源于最低生活保障及其他收入（见图 6-1-2）。

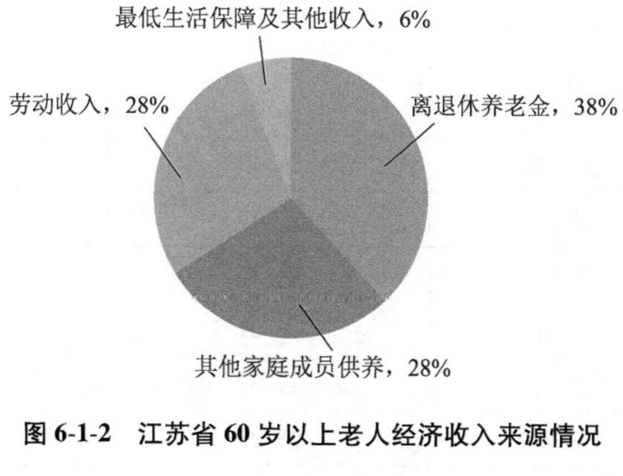

图 6-1-2　江苏省 60 岁以上老人经济收入来源情况

由于区域差异比较大，各地城乡发展不均衡，因此经济发展差异也较大。苏南城市工业化水平较高，因而经济较为发达，老人生活来源为离退休养老金的比例高达 35%以上；苏北地区发展相对落后，老人生活主要靠家庭其他成员供养；苏中地区则介于两者之间。

3. 江苏省人口老龄化严重

人口老龄化是指总人口中因为年轻人口数量减少、年长人口数量增加而导致的老年人口比例相应增长的态势。人口老龄化有两方面的含义：一是指老年人口相对增多，在总人口中所占比例不断上升；二是指社会人口结构呈现出老年状态，进入老龄化社会。

江苏省是全国较早进入老龄化社会的省份，也是老龄化程度相对较高的省份。江苏省统计数据（见表6-1-3）显示，截至2020年11月底，江苏省常住总人口为8475万人，60岁以上人口为1851万人，占全省总人口的21.84%，高于全国3.14个百分点。其中，65岁及以上人口为1373万人，占全省总人口的16.20%，高于全国2.7个百分点。

表6-1-3　江苏省第七次全国人口普查各地区老龄化情况　　单位:%

排序	地区	比重	
		60岁及以上	其中：65岁以上
—	江苏省	21.84	16.20
1	苏州	16.96	12.44
2	宿迁	18.58	13.56
3	南京	18.98	13.70
4	徐州	19.51	14.72
5	无锡	19.75	14.65
6	常州	20.01	14.88
7	连云港	20.40	14.63
8	淮安	22.79	16.42
9	镇江	23.56	17.51
10	扬州	26.01	19.99
11	盐城	27.32	19.88
12	泰州	28.25	22.01
13	南通	30.01	22.67

二、江苏省离退休老人养老存在的问题

江苏省离退休老人的养老涉及经济状况、日常生活的照料、精神慰藉等方面，主要存在以下困难和问题。

1. 赡养问题难以解决

近年来，由于经济新态势和思维模式的转变，代际关系发生了变化，即父辈对子孙的抚养责任在强化，而子孙对父辈的赡养责任在弱化，敬老不足、爱幼有余的倾向严重，如何更好地保护老年人的权益是当前亟待解决的问题。受社会生产力发展水平限制，对老年人的赡养和照顾主要依赖家庭。

对于老年人来说，退休金是保障其晚年生活的一个最基本、最稳定的生活来源，更是城市老年居民的主要生活来源。虽然农村老年居民也有养老金，但金额相对较少，难以维系日常生活，因此很多时候需要依赖家庭其他成员的供养。除此之外，还有部分老人没有退休金，只能靠自己劳动所得或子女补贴生活。

2. 安全问题缺乏保障

空巢老人由于与子女分开居住，一切都得自理。身体状况好的，尚可自理；高龄体弱的老人，生活中有诸多不便，常常面临一些安全风险，如忘记吃药、突发身体疾病需要急救、燃气泄漏导致中毒或爆炸、屋内着火引发火灾等。

如何防止上述情况发生，老人如何通过设备呼叫养老服务中心的工作人员进行协助，老人发生紧急情况时如何通知子女，这些都是智慧养老研究人员需要考虑的问题。

3. 精神需求无法满足

空巢老人的精神需求没有得到满足也是我们应当高度重视的问题。一方面，大多数空巢老人因为缺乏子女亲情和精神上的慰藉而产生“空巢感”，也就是情感空洞。另一方面，由于老人长期独自生活，社交活动也十分匮乏，因此很难拥有知心朋友。除此之外，老年人精神慰藉的社会保障也没有得到应有的重视和发展，有的社区老年人活动中心无专人管理，环境很差，形同虚设，有的甚至根本不开放。老人们能进行活动和社交的场所少之又少。更令人担忧的是，很多老人长期封闭生活，很有可能出现心理疾病。因此，我们要及时疏导并关心空巢老人，使他们的精神需求得到

满足。

4. 亲人感情逐渐淡化

新闻报道中常有空巢老人因缺失关爱或得不到子女赡养而将子女告上法庭的真实案件。这其实是一种尊重需求没有得到满足的体现。子女与老人长期不见面，交流不顺畅，容易导致亲情淡化，传统孝道更会逐渐衰落，甚至消失。实际上，老人需要的不仅仅是金钱，还有子女发自内心的关心与爱护。

离退休老人独自生活，亲情有时会变成用金钱来维系的事物，这是空巢老人面临的最严重的问题。若是遭遇疾病等突发状况，亲人无法在身边照料，空巢老人面临的便不仅仅是身体上的痛苦，还有缺乏亲人陪伴的孤独，这是任何金钱也无法弥补的。所以说，子女应当给予父母更多的关心与呵护，而不是只停留在保障其生活水平上。

5. 自我实现难以落实

当前，有的空巢老人还处于追求温饱与情感充实的阶段，暂时无法实现个人价值。我们需要付出更多的努力，提供足够的空间与资源，让这些空巢老人的自我价值在参与活动的过程中得到一定程度的实现。

第二节　典型国家养老模式介绍及经验启示

在寻求解决策略的过程中，学习其他国家对空巢老人的扶持做法，也是非常重要的一环。虽然有些发达国家的全民医保水平我们暂时还无法达到，但我们仍旧可以学习其经验，使之有效转化为符合我国国情的政策。

一、部分国家养老模式及经验

1. 日本养老模式及养老产业

日本是全球老龄化率最高、老龄化速度最快的国家。早在 1970 年，日本便已经步入老龄化社会，65 岁以上老年人口数量达 739.33 万人，占总人口的比例为 7.03%。2013 年，这一比例攀升到 25.08%，即每 4 个日本人中就有 1 个是 65 岁以上的老人。2020 年，日本 65 岁以上人口数量更是高达 3589 万人，占总人口数量的 28.4%。预计到 2040 年，日本每 3 个人中就有 1 个是 65 岁以上的老人。

日本有大量的养老设施，包括可以利用“护理保险”的“特别养护老人院”和“护理老人保健设施”，以及民间运营的“收费老人院”和“带服务的老年人住宅”等，其服务内容、居住目的、入住条件等各不相同。

日本在养老服务方面的法律法规、社会保障、养老保险体系上的建设均走在世界前列。首先，日本的养老体系层次分明，政府、社会、个人角色清晰，相互配合；其次，日本的养老社会保障、养老保险体系非常完善。因此，日本老年人的权益得到了很好的保障，从而很好地促进了养老产业的发展。

日本的养老产业主要以养老护理为核心。养老产业是一项营利性事业，主要划分为老年住宅产业、老年金融产业、养老护理服务、医疗福利器械用品、文化生活服务及其他相关产业（老年人生活用品开发、销售等）。其中，养老护理服务是日本养老产业发展的重点。日本是世界上少数推出“介护保险”、实行“介护保险”制度的国家之一，拥有标准化的介护制度，在养老护理方面具有丰富的经验和优势。另外，日本的养老护理服务中还贯穿居家养老、社区养老和机构养老等多种方式。

日本和我国的传统家庭观念相似，均以居家养老为主；同时，日本养老产业的发展也适合我国的国情。因此，日本“居家养老+养老服务”的模式对我国具有一定的借鉴意义。

2. 荷兰养老模式

大部分国家和地区对于人口老龄化都普遍担忧，而荷兰却不然，他们在长期护理和养老体系经营的过程中，发展出了以“乐”“活”为特征的养老体系，积极提倡“健康衰老”的概念：在一个老人身体机能还完备的时候，鼓励老人发挥余热；在老人真正变得衰老需要照料时，通过制度和服务，为他们提供所需要的帮助，以捍卫每一位老人的尊严。

荷兰政府鼓励所有老年人居住在自己家里。无论老人拥有房产还是租房，国家都会在其偿付能力的基础上给予不同程度的资金补贴。对于完全失去自理能力或者患有严重疾病需要有人专门护理的老年人，养老院则成为荷兰养老体系的集中保障。

中国和荷兰面临着相似的挑战，这种挑战不仅仅来自老年人口的增加，更来自不断改变的社会环境，所以改革养老体系迫在眉睫。除了要思考如何应对不断增加的老年人口，建立更加配套的措施，更重要的是应尽快明确如何满足“人的需求”。

3. “严苛与温情并存”的新加坡养老模式

新加坡养老模式的特点是“严苛与温情并存”。新加坡主张按儒家的传统“保留三代同堂的家庭结构”，并且它是世界上第一个将“赡养父母”进行立法的国家。新加坡鼓励家庭养老，并给予家庭养老的人不同程度的现金减免、公积金房屋津贴，以吸引子女住在父母附近或与父母同住，为赡养老人的低收入家庭提供养老医疗方面的补助，减轻家庭负担，提高赡养老人的积极性。新加坡的中央公积金体系首要功能是养老保障，并在此基础上衍生出医疗保障和住房、子女教育等功能。

一般家庭养老主要是靠老人自己的公积金，也有少数是靠老人住房的“反向抵押”，即将住房抵押给政府，换取每月支取的款项。除此之外，年满 55 周岁的新加坡公民通过卖掉持有的大房子，一部分现金用来购买乐龄公寓，另一部分作为养老金之外的补充资金，成为新加坡解决“老有所居”“老有所养”问题的重要方式。同时，医院和养老院主要服务于需要住院或寄宿照料的老人；社区养老主要为日间康复护理中心。对于无暇照顾老人和孩子的家庭，新加坡还成立了“三合一家庭中心”，将托老所和托儿所结合在一起，老少集中管理，解决年轻人的后顾之忧，满足人们的精神需求，增进人际交流。此外，还有各类社会养老机构，依靠政府提供资金和政策支持来运转。

中国和新加坡有着相似的文化传统，新加坡在保留传统中寻求发展，建立公积金体系，保障老人都能“老有所养”“老有所居”，这些经验都值得我们学习。

4. 美国的“护理服务设施”养老

在美国，最为人们所熟悉的一类养老服务是“护理服务设施”。这种服务方式除了提供一日三餐、个人照料等服务，更关键的是可以为那些不需要住医院但有更高护理需求的老年人提供长期专业级别的医护服务。设施内配有医疗人员值班，也分别受到联邦或州政府的认证、监督甚至定期检查。值得注意的是，这类设施服务价格不菲，但也是接受美国政府医保项目资金的“大户”。

相比于美国的养老体系，当前中国居民的高端养老场所的选择较为单一，面向高净值老年群体的居住产品十分有限。目前我国新增的养老居住项目主要是养老地产和养老机构，而此前已落地的养老地产项目很多仅仅套用了养老概念，并没有实际考虑到老人所在家庭的核心需求。美国面向老年人的独立生活社区、辅助生活社区、疗养机构、特殊护理机构等模式各有特色，针对不同人群进行了专门化的设计，值得国内养老居住产品开发者学习。

5. 加拿大“老年保障计划”

在加拿大，最为普遍的是各种档次的“独立生活”老年人公寓，这些公寓接收的住户是生活能完全自理的退休老人。这类老年人公寓楼中，除了有一般公寓楼所拥有的私密生活空间和各种锻炼活动设施外，还有医疗监测和应急支持、餐饮、清理房间、洗衣、组织社交和娱乐活动等老年人所需的服务。

加拿大推行的老年保障计划是加拿大政府专为老年人提供的一项保障制度，每位 65 岁以上，并且年满 18 周岁后在加拿大居住满 10 年以上的老年人都会获得老年保障金，所需资金均由政府财政负担，养老金计算标准按照 18 周岁之后作为加拿大合法居民或移民，并且居住在加拿大的年份来计算。

同时，在加拿大居住超过 40 年的居民可享受全额老年保障金，低于 40 年的根据居住年限适当予以扣减。对于没有其他收入来源的老年居民，还可获得一定数额的收入保障金。在此基础上，老年金和低保补助金领取者的配偶，年龄在 60~64 岁，丧偶未再婚，并且收入低于法定标准的，还可以申请配偶津贴。

加拿大的老年保障计划主要由政府提供资金，从根源上保证了老年人的生活。由于我国人口基数大，受多种因素影响，养老保障体系还不健全。因此，党和政府仍在不断努力，争取建立更加完善的养老体系。

二、教育养老模式探究

1. 教育养老模式的定义

21 世纪以来，人口老龄化趋势不断加剧，如何应对并较大程度缓解老龄化所带来的一系列问题已然成为世界各国关注的焦点。当前，我国大力推行的老年教育政策与国际上的教育养老理念有一定的相似性。

教育养老是积极养老理念中的一种养老方式，即教育与养老相互结合、相互促进。其主张老年人通过参与学习及各种实践活动，获取足够应对自身生活的知识与技能，并通过参与各种社会活动发挥自身价值，回报社会，在丰富自己精神文化生活的同时实现自养、自尊与自强。

目前，社会上对于养老的理念与方式大体持两种态度：一种是积极养老，主张老年人紧跟市场经济时代的步伐，主动参与文化娱乐、体育健身、休闲旅游等活动；同时树立自立自养精神，积极参与社会活动并回报社会。另一种是消极养老，认为老年人退出劳动岗位后的主要任务是休息，即普遍意义上的“享清福”。显然，教育养老模式属于前者。

2. 西方国家的教育养老模式

为了顺应全球人口老龄化的发展趋势，世界卫生组织于1999年提出了“积极老龄化”的理念。此理念强调了老年教育的重要性，认为人在生命周期的每个阶段在生理、心理、社会等方面都应具有最佳的发展机会。

（1）法国第三年龄大学

第三年龄大学起源于法国，是作为法国1968年“五月风暴”后的一种产物而出现的，其最初的形态并不同于当前普遍意义上的教育养老机构。在这场学生、工人的街头暴动抗议中，他们提出了多项诉求，其中之一即为要求加大高等教育的开放力度。在这种背景下，法国开始将暑期闲置的大学校园及教育资源向社会公众开放，最初主要面向退休的长者开展包括团体分享讨论、研讨会、专题演讲、休闲娱乐等活动在内的暑期夏令营。1971年，法国《继续职业训练组织法》中提到雇主必须支付员工薪资的2%作为成人教育课程的基金，此项举措原本是为了保障年轻人失业后仍能接受继续教育，但当时已退休的长者也要求享有同样的保障。因此，法国第一所正式的第三年龄大学于1973年创立，其服务对象涵盖社会上各个年龄段的成人群体，以高龄参与者居多，学员的平均年龄达65岁。法国第三年龄大学大多附属于正规或非正规高等教育机构，在政府的指导下运营，教学者主要为大学教师，学员在完成既定的学习任务并通过考核后可以获得学位。随后，许多国家学习法国的做法，创建了第三年龄大学。近50年中，法国第三年龄大学鼓励全民参与并发展迅速，成为法国开展终身学习的重要机构。

（2）英国第三年龄大学

虽然英国第三年龄大学的建立受法国启发，但英国并没有像比利时、瑞士、西班牙等欧洲国家一样建立与法国类似的第三年龄大学，而是在法国第三年龄大学的基础上，发展出一种具有实验性质、自我教育形态的学校，成为当前国际上非常成功且具有代表性的一种教育养老模式。

1981年，在经过多位学者充分研讨后，拉斯利特发表了《剑桥第三年龄大学：目标、原则与制度形式》一文，详细说明了剑桥第三年龄大学成立的理论基础与组织架构。在这些理论的指导下，拉斯利特等于 1982 年在剑桥大学开始了第三年龄大学的办学尝试，致力于建立一种自发成立、自主组织、自愿分享互助的学习团体。在这个团体中，所有人都要秉持志愿奉献、服务他人的理念。其核心的理念是组织老年人相互传授知识、分享知识。英国第三年龄大学非常注重学员之间的自助精神，由老人自己发起自助学习活动。

在课程开设方面，参与者提出学习需求，只要能够找到合适的教学者便可以开课。学习方式以小组学习和分享型学习为主，学习地点的选择也比较灵活。随着网络技术在学习领域的应用，第三年龄大学也开始采用远程教育的方式建立课程网络，满足不同地区或行动不便的老年人的学习需求。学习小组也从线下转移至线上，吸引更多的老年人参与。

（3）美国非营利性教育养老机构

美国老年教育的发展历程与第二次世界大战后美国的人口变化和经济波动有着密切的关联。大战后“婴儿潮”带来的人口红利，使美国经济进入了长达 20 多年的“黄金时代”。直至 20 世纪 70 年代人力资本理论开始延伸应用于老年群体，美国政府才真正关注老年群体的教育与学习问题。但当时美国经济在内外因多重作用下导致了 1973 年“布雷顿森林体系”的瓦解，从而陷入经济危机，使政府社会福利开支缩减。因此，美国老年教育只能从社会多个渠道谋求支持与资助，教育养老机构的经费来源融合了政府补助、财团投资、学员自付等多种形式，非营利性教育机构在其中扮演着重要角色。典型的非营利性教育养老机构主要有老人游学营、退休学习学院、老年人服务与信息系统及美国老年大学四种。

3. 中国的教育养老模式

在不断学习与汲取西方优秀经验后，我国教育养老模式也逐步成型。2016 年发布的《中华人民共和国国民经济和社会发展第十三个五年规划纲要（2016—2020 年）》中特别提出要构建惠及全民的终身教育培训体系和发展老年教育，这是老年教育第一次出现在我国的五年规划中。2016 年，国务院办公厅发布《老年教育发展规划（2016—2020 年）》，提出加快老年教育服务、扩大老年教育供给、创新老年教育体制机制和推动相关法规制度建设等政策要求。这些都表明当前我国正积极探索教育养老的路径，为实现社会老龄化的平稳过渡寻找途径。同时，我国政府通过学习西方经验，再融合我国独有的国情，开始大力发展教育养老模式。

（1）政府应积极扮演地方老年教育的支持者与帮助者的角色

相比于国外，我国的老年产业起步较晚，多数老年产业一直由政府机构直接管理，老年大学等教育机构属于事业单位由政府直接进行政策支持、引导和投入，并与中国老年大学协会组织协作发展。政府部门对老年产业的组织规划与直接参与，使老年相关产业以由上而下的方式在较短的时间里得到了推广。但由国家统计局天津调查总队“老龄服务需求研究组”发布的《老年人对老龄服务业发展需求调查》报告中指出：由于老龄事业、老龄产业，特别是竞争性老龄产业与非竞争性老龄产业划分不清，相关部门在哪些行业需政府扶持，哪些行业由市场引导的政策上无所适从，造成政策不能及时到位，影响老龄服务业的发展。在这种情况下，可借鉴英国第三年龄大学和美国非营利性组织的运营模式，由政府提供在政策方面的扶持，在总体方向上对老年产业进行引导并给予适当的补助，提高运营机构的自主权，使老龄产业能够灵活运转。

（2）老年教育运营机构应善于整合运用公私部门的资源

英国第三年龄大学信托基金、美国多家非营利组织基金会都是民间慈善机构，它们由于善于整合公私部门的资源为己所用，而不是专注于向政府部门申请专项资金，因此成为世界上老年教育的典范。法国第三年龄大学附设于大学，最大限度地利用了现有的教育资源，也实现了成功运营。目前，我国也在鼓励民间资本投资老年产业，并将老年产业归类于社会福利，相关企业可以享受一定的优惠扶持政策。在这样的大环境下，老年产业运营机构应该积极借鉴现有的成功发展经验，并结合当前的社会现状，联合各利益相关方整合运营资源，实现教育养老资源利用率的最大化与效益的最大化。

（3）社会应建立老年人力资源库并设立老年义工制度

英国第三年龄大学的退休义工制度不仅与第三年龄大学设立的初衷相符，而且有效地缓解了社会老龄化带来的用工需求。让老年人承担力所能及的社会服务工作可以增强他们的自我效能感，同时让他们在互动服务中真正实现自尊、自强、自养、自理。同样地，美国多样的共同居住养老模式也具备以上功能。面对我国数量如此庞大的老年群体，建立老年人力资源库，对退休后的人力资源进行整合，并通过老年义工制度的设立使闲置的老年人力资源得到合理的利用，不仅能够充实老人的生活，提高其生活质量，提升其自身的价值，在一定程度上降低社会养老负担，而且老年义工制度的推广与普及对社会风气的改善、社会责任感的提高都有重大的影响。

（4）发展创新且多元的教育养老模式

当前，由英国第三年龄信托基金所延伸出来的教育养老系统种类与美国的越来越相似，其根据老年人不同的学习需求，设立了远程教育、主题学习日、短期寄宿学校、非正式学习小组等多种模式。其目的是使老年学习者能够获得良好的学习体验，在学习过程中得到充分发展。我国领土辽阔、人口众多，区域之间发展状况差异显著，老年教育的发展状况更是普遍滞后于当地社会的发展状况，仅通过设立老年大学、社区学院等形式远远不能满足老年群体多样的学习需求。因此，应当鼓励相关机构提供多元化的教育养老模式供老年人选择，让有不同学习需求的老年人都能得到满足。

第三节　江苏省离退休老人主观幸福感的指标分析

一、影响江苏省离退休老人幸福感的因素分析

幸福感是一种心理体验。它既是对生活所处的客观条件和状态的一种事实判断，又是对生活的主观意义和满意程度的一种价值判断，表现为在生活满意度基础上产生的一种积极的心理体验。

主观幸福感是衡量个体生活质量的综合性心理指标。随着中国老龄化进程的加快，老年人的幸福感问题越来越受到社会大众的关注。预计到2050年，我国老年人口将达到全国人口的1/3。相关调查显示，在北京、上海以及部分苏南城市，老年空巢家庭比例已超过50%。可以预见的是，“银发潮”将对中国的经济、社会、政治、文化等各方面产生深远的影响。

在这次调查中，我们主要对影响老年人幸福感的四大因素进行统计分析，即经济因素、情感因素、社会因素以及家庭因素（见图6-3-1）。调查发现，生活在不同地域的老年人，即便受到相同因素的影响，其幸福感调查结果也呈现多样化。鉴于此，我们以问卷调查的方式，对苏南、苏中以及苏北的老年人发放问卷，调查这四大因素对其影响的异同点，在完成数

据收集后，通过 SPSS 17.0 进行数据分析，最后根据影响不同地域老人幸福感的主要因素，提出针对性建议。

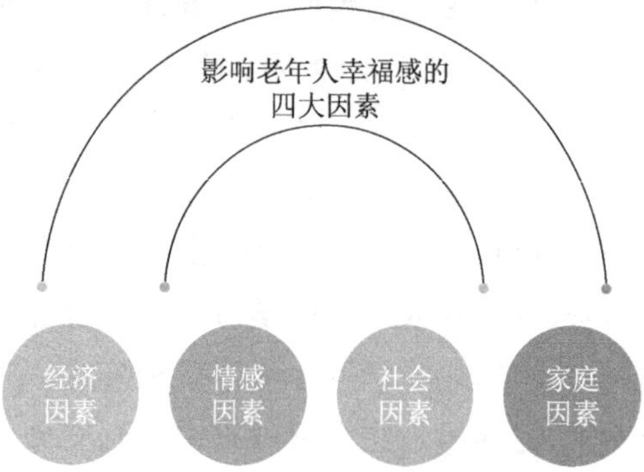

图 6-3-1　影响老年人幸福感的四大因素

（一）老人幸福感与影响因素调查

我们以问卷调查的方式，向空巢老人发放了 1000 份调查问卷，其中 878 份是有效问卷。共有 210 名居住在苏南城市及农村、328 名居住在苏中城市及农村、340 名居住在苏北城市及农村的老人参与了这项调查。首先，我们统计分析了居住在苏南、苏中及苏北的老人的幸福感调查情况。

我们将本研究获得的数据进行单样本 t 检验（one-sample t-test），结果显示，农村女性空巢老人、城市女性空巢老人、城市男性空巢老人的主观幸福感得分显著高于常规平均数，说明江苏省的农村女性空巢老人、城市女性空巢老人和城市男性空巢老人的主观幸福感比全国平均水平高；农村男性空巢老人的主观幸福感得分则显著低于全国平均水平。

再进行多因素方差分析，可以发现，男、女两种不同性别对空巢老人主观幸福感得分的主效应显著，$F(1, 470)=3.99$，$p<0.05$，女性空巢老人的主观幸福感得分显著高于男性空巢老人；城市与农村两种不同地区对空巢老人主观幸福感得分的主效应显著，$F(1, 470)=11.33$，$p<0.001$，城市空巢老人的主观幸福感得分明显高于农村空巢老人；性别与地区之间的交互作用对空巢老人主观幸福感得分的效应显著，$F(1, 470)=23.30$，$p<0.001$。对交互作用做简单效应分析发现，在农村，男、女性别在主观幸福感得分上差异显著，$P(1, 470)=9.5$，$p<0.05$；农村男性空巢老人的主观幸福感明显低于城市男性空巢老人，$F(1, 470)=11.40$，$p<0.001$。

综合上述分析可知，江苏省空巢老人的主观幸福感处于相对较高的水平，并且城市空巢老人比农村空巢老人主观幸福感要高。在农村，男性空巢老人的主观幸福感低于女性空巢老人；而在城市，女性空巢老人的主观幸福感低于男性空巢老人。这表明国内老年人对生活满意度和主观幸福感的评价普遍呈正向倾斜。

基于上述结论可合理推测，城市老人的幸福感比农村老人更为强烈。同时，根据数据可以看出，认为生活幸福和认为生活一般的老人在不同区域都占较大比例，说明我国大多数老人生活还是受到良好保障的。

（二）影响老人幸福感的四大因素

养老生活在不同地区的满意度呈现多样化态势，这与个人情感、经济状况、社会因素（包括养老相关政策和邻里关系），以及家庭氛围有着密不可分的关系。我们在问卷第五题调查了空巢老人对于四大因素影响幸福感的看法，统计结果如图 6-3-2 所示。

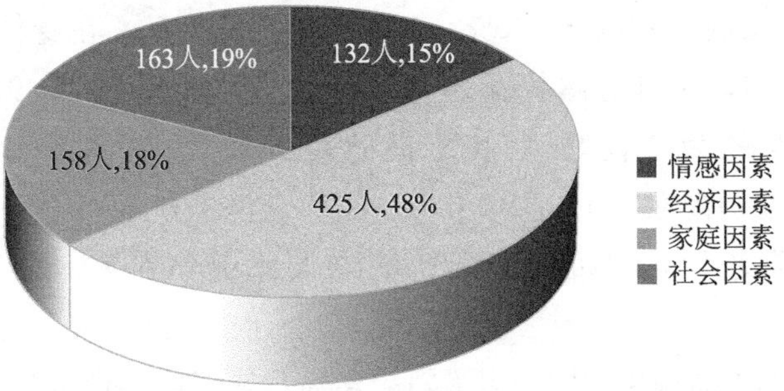

图 6-3-2　影响空巢老人幸福感的主要因素

从图 6-3-2 中可以看出，经济因素是影响空巢老人幸福感的最重要的一环。经济基础决定上层建筑，特别是对于农村老人而言，经济富足，生活水平便会十分优越。同样地，社会因素、情感因素与家庭因素也不容忽视。在苏南城市，经济因素与社会因素的重要性不分伯仲；在苏中城市，经济因素和家庭因素所占比例最大，拥有一个和谐的家庭环境，幸福感也会有所提升；在苏北城市，经济因素与家庭因素也占有很大比例。此外，人们生活在社会当中，情感因素无处不在，且影响着生活的方方面面。

我们逐步探究影响空巢老人幸福感的因素，并根据数据调查结果，对影响空巢老人生活质量满意度的因素（见图 6-3-3）进行逐个分析。

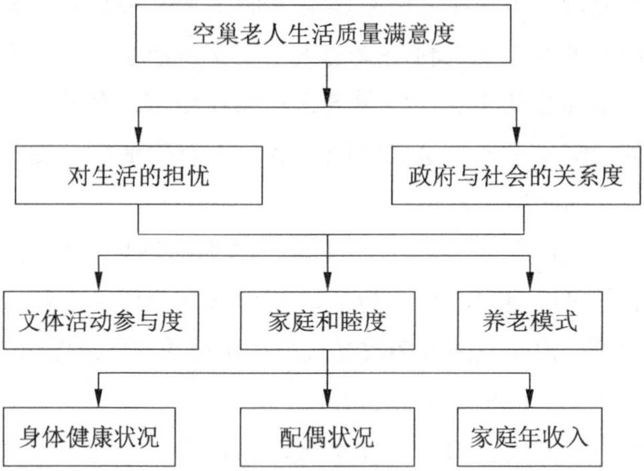

图 6-3-3 影响空巢老人生活质量满意度的因素

数据的基本样本特征如下：在 878 位受访的空巢老人中，男性占 51.40%，女性占 48.60%，性别比例基本均匀；年龄在 60~69 岁、70~79 岁和 80 岁以上的比例分别为 38.15%、40.45%和 21.40%。在身体健康状况方面，22.30%的老人对身体状况的自我评价为“较差”，26.94%的为“一般”，50.76%的为“较好”。在配偶状况方面，“丧偶或无配偶”的占 43.52%，“配偶尚在”的占 56.48%。在养老模式方面，选择“家庭养老”“社区居家养老”和“机构养老”的老人比例分别为 58.15%、32.25%和 9.60%。

在此次调查研究中，空巢老人对生活质量满意度的评价分为“不满意”“一般”和“满意”三类，因而可以采用多分类有序 Logit 模型（见表 6-3-1）来对空巢老人生活质量满意度的影响因素进行分析。

表 6-3-1 模型变量的解释说明以及预期的影响方向

变量类型	变量名称	赋值及含义	预期方向
个体特征	性别	男=1；女=2	+
	年龄/岁	60~69=1；70~79=2；80 及以上=3	−
	身体健康状况	较差=1；一般=2；较好=3	+
	文体活动参与度	从不=1；偶尔=2；经常=3	+

续表

变量类型	变量名称	赋值及含义	预期方向
家庭特征	配偶状况	丧偶或无配偶=1；配偶尚在=2	+
	家庭和睦度	差=1；中=2；良=3	+
	家庭年收入/元	3000 以下=1；3001～6000=2；6001～9000=3；9000 以上=4	+
	主要经济来源	最低生活保障=1；打工务农=2；子女供养=3	+
情感特征	孤独感认知	从不=1；偶尔=2；经常=3	−
	对生活担忧度认知	担忧=1；一般=2；不担忧=3	+
社会关系	政府与社会的关心度	从不=1；偶尔=1；经常=3	+
	养老模式	机构养老=1；家庭养老=2；社区居家养老=3	+
	邻里关系	较差=1；一般=2；较好=3	+

多分类有序 Logit 模型的基本形式如下：

$$P\left(y=\frac{j}{X_i}\right)=\frac{1}{1+\exp[-(\alpha-\beta X_i)]}$$

式中，y 代表空巢老人对生活质量的评价，给 y 赋值（$j=1, 2, \cdots, n$），n 是空巢老人对生活质量评价满意度的个数；X_i 表示影响空巢老人生活质量的第 i 个因素（$i=1, 2, \cdots, m$），m 是影响因素的个数。建立累计模型：

$$\mathrm{Logit}(P_i)-I_n\left|\frac{P(y\leqslant j)}{P(y\geqslant j-1)}\right|=-\alpha_j+\beta X$$

式中，P_i 是空巢老人对生活满意度的评价，属于某一程度的概率；α_j 是模型的截距；β 是与之对应的回归系数。

在得到和的参数估计后，概率可由下式得到：

$$P\left(y=\frac{j}{X}\right)=\frac{\exp(\alpha_j+\beta X)}{1+\exp[-(\alpha_j-\beta X)]}$$

运用 SPSS 17.0 对 878 份样本数据进行多分类有序 Logit 统计分析，采用反向筛选法逐渐剔除不显著的变量，直至所有变量都在 10%的水平上统计结果显著，得到表 6-3-2 的回归结果。

表 6-3-2　空巢老人幸福感影响因素的多分类有序回归结

分类	变量	估计值	标准差	Wald 值
因变量	不满意	5.187***	0.870	35.555
	一般	8.447***	0.926	83.168
自变量	身体健康状况	0.438***	0.129	11.537
	文体活动参与度	0.672***	0.154	19.108
	配偶情况	0.472*	0.130	13.217
	家庭和睦度	0.262*	0.124	4.476
	家庭年收入	0.391***	0.096	16.436
	对生活的担忧度	0.592*	0.157	14.150
	政府与社会的关心度	0.218*	0.193	9.485
	养老模式	0.906**	0.207	16.236
模型拟合	模型总卡方	173.175		12.000
	-2 对数似然值	891.535		0.000

注：*、**、*** 分别表示在 10%、5%、1%的统计水平上显著。

1. 情感因素影响老人幸福感

情感因素中能够对老人幸福感造成较大影响的主要有对孤独感的认知和对生活的担忧度认知。孤独感是个体在社会关系网络不足时的不快乐体验，包括社会关系在数量上的不足和质量上的低下。如果空巢老人对未来生活存在恐惧和担忧，那么他们对于生活的态度肯定是消极的。根据调查结果可以得出以下结论：孤独感认知越高，幸福感越匮乏；对未来生活越担忧，生活质量满意度越低。

2. 经济因素影响老人幸福感

在影响老人幸福感的四大因素中，经济因素是最主要的因素，因此我们重点分析了不同区域的老人获得经济的来源，探究在依靠不同经济来源的情况下，不同区域老人的幸福感。因为获得经济来源的途径有很多，所以此题在调查问卷中设置为多选题。

通过数据分析可以发现，苏南城市与苏中城市的老人经济来源主要是退休工资和子女赡养，苏北城市的老人则主要依靠子女赡养与政府补贴。依靠退休工资养老的老人由苏南城市、苏中城市至苏北城市呈现递减的趋势，而依靠政府补贴养老的则呈现递增的趋势。这主要是因为苏北城市农村人口居多，由此可见，我国农村补贴计划还是十分完善的，政府政策在很大程度上影响着农村老人的养老幸福感。因而，面对不同地域的不同经济发展水平，各地政府要贴近民生，制订符合本地情况的养老计划。同时，由于很多老人的主要经济来源都是子女赡养，因此子女应主动赡养老人，努力给老人营造良好的生活环境，从而提升空巢老人的幸福感。

3. 社会因素影响老人幸福感

社会因素中，我们主要列出了城市人口、娱乐设施、保险政策和政府制度等对老人幸福感有影响的因素，希望此调查能给社会保障部门提供一些参考，为空巢老人的日常生活增加幸福感。在设计调查问卷时，为了使调查结果更为准确，我们依旧设置多选题来进行探究。

调查结果显示，由于生活环境与地域环境的差别，苏南城市与苏中城市的老人更重视卫生机构与娱乐设施的建设，而在苏北城市，高达36.60%的老人认为政府制度是影响幸福感的重要因素。联系当前我国对于农村老人的特殊政策来看，这样的结果是有依据的。政府政策在很大程度上保证了农村老人的生活质量。在日常生活可以很好地满足的情况下，老人开始重视身体健康与精神娱乐。因此，在不同地域不同的经济发展水平下，我国的政府与企业应当审时度势，在不同地域实行最为贴合的措施与政策，真正提高老人的生活质量，提升老人的幸福感。

4. 家庭因素影响老人幸福感

每个人一天中大多数时间都处在家庭环境中，家庭氛围对于人的情感与心理有很大的影响。我们统计了老人的家庭成员，想要探究苏南城市、苏中城市以及苏北城市中不同家庭老人的幸福感影响因素。

整理数据发现，在影响老人幸福感的家庭因素中，单人居住的人数由苏南城市、苏中城市至苏北城市呈现递增的趋势。在居住条件中，夫妇同住的人数最多，苏南、苏中、苏北都高达35%以上。单人居住和与子女同住的比例由苏南城市、苏中城市至苏北城市呈现下降的趋势，该比例在城市中高达30.48%，在农村中低至21.47%。

满意度调查结果显示，城市老人的满意度远高于农村老人的满意度。老年人的幸福感不仅与经济水平的高低密不可分，精神上的慰藉也是不可缺失的，子女的精神关怀对老人的幸福感起着至关重要的作用。

当前，中国大部分老人还处于家庭养老阶段，随着生活质量、保险制度、政府政策的不断改进和完善，中国将有望实现经济养老，进而迈向社会养老。由于地域不同，影响老年人幸福养老的因素也有所差异。因此，政府、企业、子女对老人幸福养老的因素也应该各有侧重。子女不但要在经济上给予老人基本的生活保障，而且要注重与老人的感情培养。政府应该将解决养老问题的重点放在农村，出台切实可行的农村养老政策，推行农村社保、农村医疗等政策，逐渐完善农村医疗设施和保险制度中不完善的方面。城市老人幸福养老则注重于经济因素和子女因素。近年来，随着城市娱乐设施、养老保险、社保制度的不断完善和城市老年人工资水平的不断攀升，他们更加注重精神养老和身心养老。目前中国各种养老机构和养老企业正不断涌现，社区养老成为城市养老的热门话题。养老企业应该注重养老资源的整合，推出专业化养老，特别是将保险、医疗、房产这三者连为一体带入社区，有希望在夕阳产业中创造出巨大的经济效益和社会效益，帮助政府和家庭减轻养老负担，同时推进中国和谐养老的进程。

二、中西方空巢老人差异对比

随着中国飞速进入老龄化社会，我们需要向社区发展和社会服务已有上百年历史的西方社会学习。西方国家很早便步入了老龄化社会，他们在应对人口老龄化问题方面有不少成功的做法，尤其是在社区为老服务和管理方面，积累了比较丰富和成熟的经验。因而，在文化的视角下，对国内外空巢老人的心理关爱进行比较研究，具有很好的现实意义和应用价值。

（一）东西方文化视角下老人心理问题文化差异对比

要研究和帮助空巢老人解决心理问题，便要与他们合作处理和解决他们遇到的心理困境。季羡林教授在“神州文化集成丛书”中指出，东西方文化体系有相同之处，也有相异之处，异者更为突出。他认为，东西方文化的差异关键在于思维方式不同，东方更加注重综合，而西方则侧重分析；东方更注重整体与普遍联系，而西方却关注焦点研究。

1. 思想观念不同

西方文化中非常注重老年人个人的价值与尊严，强调老年人自身价值的独立性和重要性，具有强烈的个人主义色彩，同时也可以感觉到这些理念受到了功利主义哲学思想的影响。中国则不同，家天下的观念一直以来主导着中国传统文化的传承与变迁，中国老年人侧重于家庭与集体的地位高于个人，认为个人的幸福都是由家庭幸福建构而来的。例如，中国的老年家庭一般会认为空巢是问题，西方的老年人则因自己子女留在身边带来无尽烦恼而渴望空巢。

2. 养老主体意识不同

西方早期的人文主义思潮致使他们早早就关注老年人自身利益、需要的满足和发展，西方国家或政府为了解决现实中的老年问题，出于人道主义与政治统治等需要，逐步实施有限的社会救助，建立了规范的社会救济法案。1601 年英国伊丽莎白一世颁布的《济贫法》就是第一部有关老年人等社会弱势群体社会保障的法案。以此为契机，德国、法国和美国，甚至很多北欧国家都先后建立了符合本国特点的老年人社会保障体系。西方国家在老年人养老与照顾中确立了国家责任的法律关系。中国则不同，尽管在久远的《周礼》中就提出了爱幼、养老、济贫、救灾、医疗、安福等思想，但一直以来主导养老责任的都是家庭。甚至在当下家庭结构和家庭功能弱化，政府和社会责任的力度不坚的情况下，养老责任更多的还是被推给了家庭。

西方的社会政治结构以民主为核心，老年人的人格特征偏于外向性。西方更注重老年人个体的自由平等与价值理念的多元化。他们会将空巢老人的积极性及优势的激发作为老年社会工作的重点，强调空巢老人积极老化过程中的主体优势。当西方空巢老人面临心理及精神问题时，他们会主动地寻求社区和社会中正式机构的帮助。而在中国，由于长久以来儒家伦理和秩序情结深刻影响了人们的观念，人们的主体意识常常被泯灭在家庭及国家的框架内。老年人的养老长期以来被限制在一个家庭之中，空巢老人的主体意识也自然而然被老年人无用论所替代。因此，当空巢老人出现心理及精神问题时，人们会认为这是一个社会问题。空巢老人也会在面临困境时因为内向性的人格特征而选择沉默和自我承受。

空巢老人的心理问题离不开国家、民族、社会、文化、社区以及家庭的实际生活，而这些实际生活中产生的具体行为、心理与人际关系又受制约于传统的文化习俗。当然，文化交融也是文化变化与发展最基本的、最活跃的因素。从西方针对空巢老人的政策与研究中吸收营养和受到启发，以改进固有观念和应对策略。空巢老人的心理健康研究既要注重一定的文化差异，又不能局限于一定的文化范围之内。

3. 对空巢家庭以及心理问题的认知不同

国内空巢老人普遍认为空巢是不好的人生结果。西方空巢老人则不同，他们觉得空巢是理想和自然的状态。他们不仅不会因为空巢产生一些心理健康问题，反而会因为子女长大成人却不能离开自己独立融入社会而困扰不已。造成这种认知差异的主要原因在于人们受传统文化长期传承与积累的影响。在西方，上一代对下一代的抚育是一种纯粹的“接力模式”。在中国，上一代对下一代的抚育与下一代对上一代的赡养是同等重要的，简称“反馈模式”。中国传统社会就是采取反馈模式来解决赡养老年人这个任何社会都必须予以解决的问题的。可是，当时代的变迁与社会的发展促使中国的家庭出现小型化、人口迁移和家庭功能弱化、老龄人口增多的时候，原先的“反馈模式”自然就面临抚育与赡养的不对等。

考虑问题是空巢老人普遍性的心理健康障碍问题。国内空巢老人焦虑的主要原因集中在客观环境及文化压迫上，如对死亡的恐惧、经济上的困窘、生活照料的不能满足、休闲娱乐的空缺等。而国外空巢老人考虑更多的是个人的主观体验。譬如在对死亡的恐惧上，国内空巢老人没有受过生死观的教育，他们对生与死的观念是传统的，老人们喜欢谈生而忌讳谈死，随着年龄的增长和空巢环境的压迫，他们对死亡的恐惧与日俱增。国外空巢老人则不同，他们较早接受生死观教育，很多人有宗教信仰，对于年老和死亡能坦然接受。

（二）国内空巢老人心理健康问题解决的基本路径

1. 大力弘扬“孝”文化的传统

“孝”文化在中国传统社会是非常重要的核心文化。长期以来，“孝”被中国传统社会尊为鉴定一个人道德品行的重要指标。一个人的孝行可以在狭小的家庭中施行，从最亲近的父母推及旁亲，最后到社会。当然也可以从社会上的孝行学习中得到内省，然后再应用到自己的父母及长辈身上。不过，这样的传统美德在现代化进程中或多或少会被侵蚀，外部世界的诱惑和城市化变迁中群体压力的增大成为年轻一代孝道缺失的主因。心理学家罗尔认为，空巢老人问题之所以是问题，主要责任在子女，他们在社会压力的多重因素干扰下不知道怎样才能与父母融洽相处。

2. 政府承担社会责任

多样性是当今世界与时代的基本特征，在一个地球村内人们可以依照合适和喜欢的方式生活。转型时期的空巢老人也不例外，他们已经从一个窄小的家庭空间延伸到大社会的视野。将空巢老人的心理健康问题提升到政府与社会层面来研究确实是一个不可回避的重要话题。西方的经验告诉我们，空巢老人问题已经不仅仅是家庭问题，也是社会问题和政治问题，甚至是一个政府实施政治目标的价值取向问题。因此，只有在政府强势的主导下，研究制定和出台更加有效的养老社会保障政策，才能可持续地对空巢老人实施心理关爱。

3. 挖掘并发挥空巢老人主体优势，构建针对空巢老人身心健康的社会支持体系

一些空巢老人在离开工作岗位之前都是各行各业的杰出人士或社会有用之人，即使是一些表面看起来没有任何能量的人都有可能隐藏着天赋。一些好的特征有时恰恰是空巢老人在与困难的斗争中铸就而成的。那些与困难斗争的品质，正好可以转化为帮助空巢老人克服心理孤独感的来源，并转化为优势，因此要积极挖掘并发挥空巢老人的这些优势。通过政府领导、财政支持、社会援助等多方配合，构建立针对空巢老人身心健康的社会支持体系，给予空巢老人更多关爱和帮助。

第四节　提升江苏离退休老人主观幸福感的对策与建议

面对江苏省离退休老人生活中存在的各种问题，我们不仅不能忽视，而且应当从多个方面入手，尽最大的努力去解决（见图 6-4-1），从而提升老人的主观幸福感。

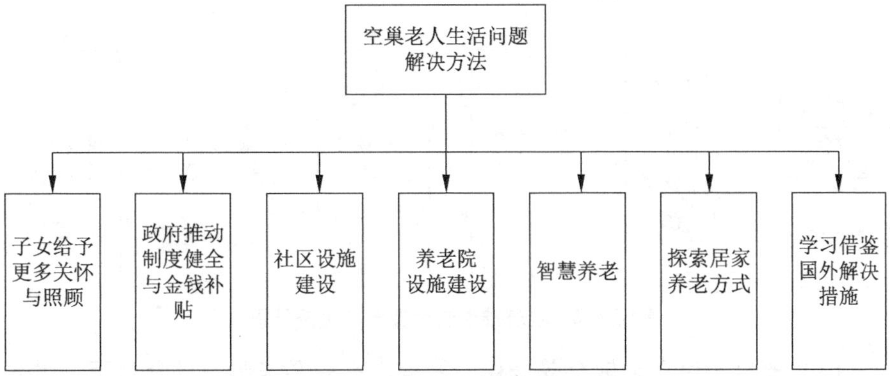

图 6-4-1　空巢老人生活问题解决方法

1. 子女给予更多关怀与照顾

对空巢老人而言，最重要的还是子女的关心。歌词中唱到的“老人不图儿女为家做多大贡献呀，一辈子不容易就图个团团圆圆”，朴实却又深刻。

子女要尽好陪伴和赡养老人的义务，即使工作繁忙，也要抽出时间陪伴老人，哪怕只是陪他们聊天，老人心中都会有暖流涌动。中华民族素有尊老、敬老、爱老的传统美德，随着时代的发展，这样的精神也不应遗忘。对于老人来说，家庭是重要且不可替代的。子女要在自己的能力范围内尽可能赡养父母，给老人提供舒适的生活环境，逢年过节给父母送上礼物，这是打开老人心结最好的方式。

同时，子女在日常生活中要时常给父母普及医疗方面的知识。随着年龄的增长，老人患上疾病的概率也随之增大。若不及时普及健康知识，面对有些疾病，老人可能会误认为是年龄增长所致而选择忽视，甚至有些老人已经出现了一定症状，但却因为缺乏相关知识而错过了最佳干预期。因此，子女应当定期带父母去听一些慢性病防治知识讲座，提醒老人在日常生活中多加防范，监督老人践行健康的生活方式，以便更好地预防疾病。

2. 政府推动制度健全与经济补贴

政府应采取以下措施推动制度健全与经济补贴（见图 6-4-2）。

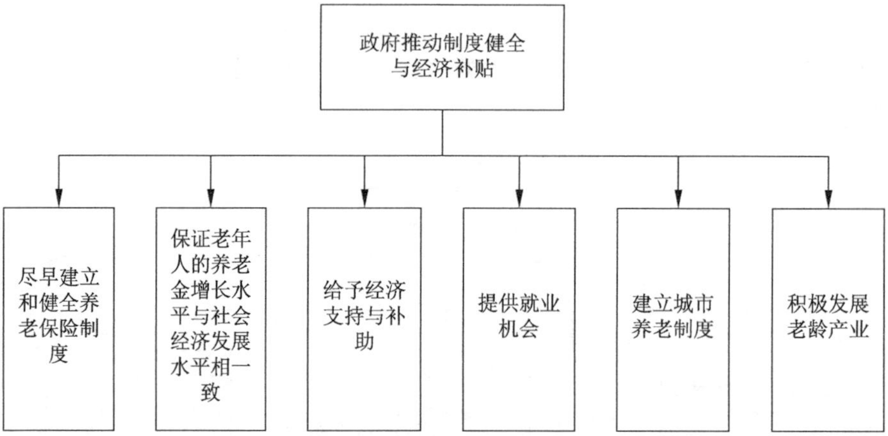

图 6-4-2　政府推动制度健全与经济补贴

（1）要尽早建立和健全养老保险制度。在社会老龄化的背景下，世界各国医疗保障改革的趋势之一是设立专门的老年医疗保险制度，并有专门的资金保证。就我国目前的情况而言，要设立专门的老年医疗保险制度显然还有一段路要走，但提高老年人的基本医疗保险待遇水平还是可行的。

（2）要切实保证老年人的养老金增长水平与社会经济发展水平相一致，使老年人能够共享社会经济发展的成果，尤其要适当提高企业离退休人员的养老金水平。

（3）要给予空巢老人一定的经济支持与补助，在日常生活中要时常去看望老人，及时送温暖。在配偶遗属补贴、社会老人补贴等方面，也要不断提高待遇水平，以使那些主要依靠这些收入来源的老人能够维持基本生活。

（4）要给老年人提供一定的就业机会，授之以鱼不如授之以渔，这样既能保障老人的基本生活，又能维护老人的尊严。

（5）要尽快建立城市养老制度，因为推广实施社会基本养老不仅在城市，即使在农村也日显其重要性与紧迫性。另外，还要设立专门的养老制度条例并严格执行。

（6）要积极发展老龄产业，开拓老年消费市场。根据老年人口的特殊需求推动老龄产业发展。所谓老龄产业，就是指由老年消费市场需求增长带动而形成的特色产业。政府应当大力扶持，真正将老龄产业发展起来，惠及每一个老人。

3. 社区设施建设

社区是老人最能直接受益的场所，应在社区建设专门的老人活动中心，添置专业的运动器材，给予老人足够的空间去交友、运动等。同时，社区里的志愿者们也可以时常上门看望空巢老人，关心照料他们的日常生活起居，给老人送去温暖与爱心。此外，社区对老人提供的医疗服务应是全方位的，不仅应包括疾病的治疗，还应包括其他方面的服务，如医疗咨询、对疾病防治的大力宣传、对老年照料和护理知识的普及等。具体表现在定时为空巢老人做健康检查，及时掌握空巢老人的健康状况，以及定期开展有针对性、指导性的健康讲座。这些措施的实行将有效地避免延期诊断和突发疾病的发生。除此之外，社区服务中心还可以开展一系列专为老人提供的无偿服务，如免费发放健康杂志、健康食谱等，让老人融入充满活力的社会生活，充分发挥老年人力资源的优势作用，并使老人认识到老年生活的价值，从而愉快地安度晚年。

4. 养老院设施建设

养老院是很多空巢老人的第二选择。首先，要保证养老院的服务质量。只有用心去对待老人，才能让他们感受到如家般的温暖。其次，政府应当对入住养老院的老人给予一定的经济补贴，让生活有困难的老人也能有安身立命的场所；同时，政府还应当出资修葺养老院，多增加一些医疗设施与运动设施。最后，要建立养老护理员的黑名单制度。对于那些做出恶劣行径伤害老人的护理人员，严格执行黑名单制度，向社会公布，以杜绝此类现象的发生，使老人拥有健康快乐的生活环境。

5. 智慧养老

随着经济与科技的高速发展，我国对于智慧养老的项目也十分重视。运用互联网智慧养老有以下几种方式：一是互联网+养老政务；二是居家养老服务的信息平台；三是养老机构的智能化信息管理系统；四是老年住宅或老年社区的智能化服务管理系统。与其他领域的信息化或智能化建设水平相比，养老领域显得比较滞后，因此需要下大力气进一步做好规划和推广。未来比较理想的状态是老年人的多样化、个性化养老需求都能够得到专业化、人性化的服务。

6. 探索居家养老方式

社区中的居家养老服务，是指在社区建立一个支持家庭养老的社会化服务体系，即老人分散在家居住，社区服务机构提供非营利的公共服务来解决老人的生活照料、家政服务、精神慰藉等问题，关注空巢老人的精神文化生活。各地要贯彻就近、分散的原则，组织广大老年人开展娱乐、健身、读报、短途旅游等各项活动，特别要鼓励和引导空巢老人走出家门，参加室外活动。可以设置看电视、聊天、棋牌等多种活动项目，组织老年人学习时事政治，开展各种趣味性的文化娱乐活动，吸引空巢老人融入其中，从而消除老人的孤独寂寞感。工作人员还要充分发挥主动性，了解社区内空巢老人的基本情况，多多关心并进行探望，尤其要经常探望那些因种种原因不常出门活动的空巢老人，了解他们的需求并尽可能予以帮助。

第七章　新时代高校离退休工作实践案例

——以江苏科技大学为例

第一节　学校离退休工作概况

一、学校概况

江苏科技大学是一所以工科为主，特色鲜明的普通高等学校，是江苏高水平大学建设高校，教育部本科教学工作水平评估优秀学校，教育部卓越工程师教育培养计划高校。

学校办学历史源远流长，多源合流，文化底蕴深厚。学校源自 1933 年上海私立大公职业学校，1953 年组建上海船舶工业学校，1970 年迁至镇江，1971 年更名为镇江船舶工业学校，1978 年升格为本科院校并更名为镇江船舶学院，1993 年更名为华东船舶工业学院。1999 年学校从原中国船舶工业总公司划转江苏省管理。1999 年江苏省江海贸易学校并入，2000 年中国农科院蚕业研究所并入。2004 年学校更名为江苏科技大学。江苏科技大学是江苏省人民政府与国家国防科技工业局共建高校，也是江苏省人民政府与中国船舶集团有限公司共建高校。

学校作为江苏省唯一一所以船舶与海洋工程装备产业为主要服务面向的行业特色型大学，是全国相关高校中船舶工业相关学科专业设置最全、具有船舶特色整体性和应用性优势的高校之一。现有博士后科研流动站 3 个，一级学科博士学位授权点 5 个，一级学科硕士学位授权点 25 个。工程学、材料科学、化学 3 个学科进入 ESI 学科全球排名前 1%。现有国家国防特色学科 5 个，国家级特色专业建设点 4 个，国家一流本科专业建设点 21 个。现有教职工 2300 余人，其中专任教师 1600 余人。具有正高职称人员 240 余人，副高职称人员 750 余人，博士学位教师 1060 余人。拥有国家级、省部级高层次人才 170 余人；拥有省高校“青蓝工程”团队等 15 个。

学校始终把立德树人作为根本任务，努力培养适应社会和行业发展需要、具有创新意识的应用型高级专门人才，享有“中国造船工程师摇篮”的美誉。

学校立足船舶、海洋、蚕桑特色优势，不断提升科技创新能力，全力服务国家重大战略需求。牵头主持科技部国家重点研发计划项目 4 项，牵头主持工信部高技术船舶科研项目 1 项。2019 年获国家科技进步特等奖 1 项（单位排名第 6），参研项目累计获国家科技进步特等奖 2 项、二等奖 2 项，参研项目获国家技术发明二等奖 1 项。学校研发提供中国乃至世界主要的蚕桑品种与栽桑养蚕技术，先后获得国家级奖励 17 项。

展望未来，学校将继续坚持“以师生为中心”，紧紧围绕海洋强国战略和“一带一路”建设，大力弘扬“船魂”精神，走与行业、区域融合发展之路，努力达到本科教学一流、优势学科一流、应用技术先进的办学水平，全面开创国内一流造船大学建设新局面。

二、离退休工作思路和经验

离退休党工委、离退休工作处紧紧围绕学校中心工作，积极创新理念和做法，加强离退休老同志思想政治引领，打造了学习交流、信息沟通、文体活动、作用发挥四个服务平台，推动老干部工作“品牌化”建设，把为党的事业增添正能量作为老干部工作的价值取向，全面提升离退休工作的服务管理水平。

学校离退休工作始终注重“四个必须”（见图 7-1-1）：必须善于做工作人员和老同志的思想政治工作，充分发挥党工委的政治功能、党支部的战斗堡垒作用和党员的先锋模范作用；必须善于带好离退休工作人员队伍，充分调动工作人员和方方面面老同志的积极性；必须深入一线摸清情况，要有丰富的工作经验和合理的工作方法，注重原则性和灵活性的结合，具备处理复杂问题的能力；必须以身作则带领工作人员切实转变工作作风，提高思想觉悟。在具体的服务管理工作中，必须做到带着真心、融入感情，对老同志始终保持敬重之心、倾注关爱之情、多做务实之事，力求做到“三心三勤”。

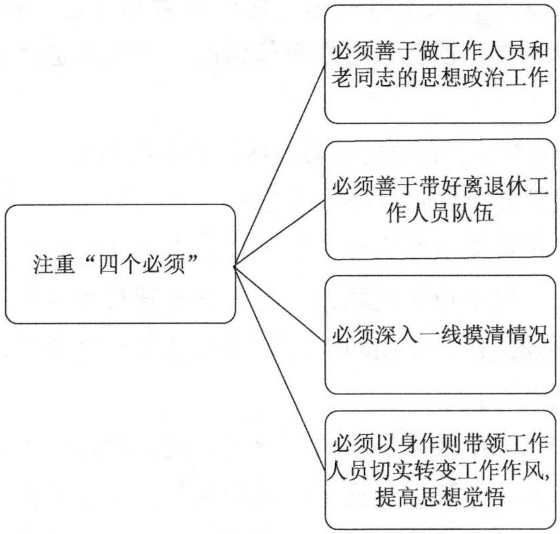

图 7-1-1　江苏科技大学离退休工作思路

离退休管理工作的大量事实和经验证明，必须广泛开展适合老同志参加的各种活动，提供热情周到的服务，耐心做好思想政治工作，因势利导牢牢把握舆论的主动权，使广大离退休老同志感受到党组织及学校的关心和温暖，从而使离退休老同志的思想保持稳定，得到他们对学校最大程度的理解和支持，引导他们为学校发展出谋划策，为学校的跨越式发展作出新贡献。

三、离退休工作网络

目前学校内设离退休党工委/离退休工作处合署办公，设置书记（处长）、副书记（副处长）岗位，配备 9 名工作人员，负责全校离退休工作。学校现有 1152 名离退休教职工。离退休党工委由 9 名委员组成，党工委书记、副书记由在职教工担任，剩余 7 名委员均为退休党员；成立了 17 个党支部，其中包括 14 个退休人员党支部、2 个离休干部党支部和 1 个在职教工党支部。

（一）学校离退休工作领导小组职责

领导小组每年召开 1~2 次领导小组工作会议，学习上级部门有关离退休工作的方针、政策，审议年度离退休工作计划，听取离退休工作情况汇报；专题研究、解决离退休工作中的新情况、新问题，对重大问题进行决策，并建章立制。督促、指导并协调学校各职能部门、各二级单位（党委）

工作小组认真落实学校关于离退休工作的政策和规定，做好离退休工作。定期召开离退休人员座谈会，通报学校情况，听取离退休人员对学校工作的意见和建议。

（二）各二级单位、机关党委离退休工作小组职责

离退休人员按原单位归口联系为原则，各二级单位、机关党委离退休工作小组针对本单位离退休人员开展工作。离退休后长住外地的离退休人员由外地办事处、原单位负责联系，日常服务管理以外地办事处为主。学校离休人员的管理工作由党委组织部、离退休工作处负责，日常服务管理由离退休工作处负责。

在学校离退休工作领导小组的领导下，配合离退休工作处做好党和国家有关老龄工作的方针政策、法律法规的宣传，贯彻学校关于离退休工作的决定、决议，以实现“六个老有”为目标，调动离退休人员的积极性，为学校高质量发展建言献策，发挥余热，贡献力量。

了解学校离退休人员的基本情况，尤其是健康状况，建立与学校离退休人员的联系制度，做好对离退休人员的关爱工作。

引导师生员工敬老、爱老、助老，发动学生和青年教工为离退休人员做好力所能及的服务，形成敬老助老、建设和谐氛围的良好风尚。

认真落实退休教职工的政治待遇。坚持在教职工退休前与其谈话并开欢送会。

以合适的时间和方式召开座谈会，介绍学校的工作和发展情况。在关系学校发展的重大问题上听取离退休教职工的意见和建议。

关心离退休教职工的身心健康，坚持节日慰问、生病住院慰问等制度，帮助有特殊困难的离退休教职工解决实际问题，努力为离退休教职工排忧解难。

协助相关部门妥善处理好本部门离退休人员的丧事并做好其家属抚恤工作。

（三）离退休人员党工委职责

会同党委办公室、校长办公室、党委组织部、党委宣传部、党委统战部等有关部门，做好离退休人员政治待遇落实和思想政治工作。

做好离退休人员党组织的党建工作，指导和组织离退休党员的组织生活、政治学习及重大纪念日的思想政治教育工作。

做好离退休党员日常政治学习工作，组织党员阅读文件、听报告、参加学校重大政治活动，发放有关学习材料。

组织好离退休党员的参观学习活动。

办理退休党员组织关系接转手续，做好党员信息管理和外调信函、档案调查复函等党务工作。

以各种方式和形式及时宣传解读党的路线方针和政策，传达学校相关政策和建设发展新举措。

完成学校党委及相关部门交办的党务方面的其他工作。

（四）离退休工作处职责

认真学习、宣传上级关于离退休工作的有关文件精神，贯彻落实相关政策和规定，结合学校实际起草具体实施办法。

根据国家、省、市及学校对离退休工作的要求，拟定年度、学期工作计划。

加强离退休工作理论和政策的学习调研，不断探索新形势下离退休工作的新情况、新问题、新途径，不断改进服务管理工作。

做好离退休人员的来信来访工作，及时了解他们的思想情况、具体困难和合理要求，及时释疑解惑、排忧解难，重大问题及时汇报。

定期组织离休人员就近就地进行参观、学习和考察活动。

经常走访住镇江高龄、孤老、特困的离退休人员；定期走访慰问常住外地的离退休人员。

及时看望、慰问在镇江生病住院的离退休人员；酌情看望常住外地的病重、住院离退休人员（或请相关人员代为探望）。

会同人事处、总会计师办公室、财务处、国有资产管理处等相关职能部门做好离退休人员生活待遇的落实工作。

按照学校《离退休人员逝世治丧和家属抚恤工作暂行规定》，会同党委办公室、校长办公室、党委组织部、人事处、工会，以及离退休职工的原部门，协助逝者家属妥善处理好去世离退休人员的丧事并做好其家属抚恤工作。

召开老同志迎春座谈会，组织离退休老同志春游活动，开展有益于老年人身心健康快乐的各类文化体育活动，办好校区老年活动室，不断丰富老同志的精神生活。

积极为离退休老同志搭建“老有所为”平台，充分发挥老同志在政治理论、工作经验、专业知识上的优势，使他们在学校的改革发展和建设，在教学、科研和青年教师培养，以及在关心下一代教育等方面发挥作用。

开展从事老干部工作人员的思想教育、政策学习和业务培训，抓好离退休工作人员自我管理骨干队伍（党支部书记、联络小组组长）建设。

加强与各二级单位的协调工作，相互沟通，形成工作合力，共同做好离退休工作。

完成学校和上级部门交办的有关离退休方面的各项工作。

（五）其他部门职责

1. 党委办公室、校长办公室

学校传达重要文件和召开重要会议，以及举行重大活动时，根据需要负责安排有关离退休人员参加。

按规定将有关文件及时转发给离退休党总支和厅局级离退休干部阅读。

涉及离退休人员相关利益的信息，及时与离退休工作处沟通。

2. 党委组织部

办理退休党员的组织关系转移手续。

指导与协助离退休党总支做好党组织的组织建设和思想建设。

按照上级有关文件要求协同离退休工作处落实好离退休人员的各项待遇。

3. 人事处

及时办理退休教职员工的退休手续。

按照有关政策，做好离退休人员的离退休金和生活福利的核定、调整和发放。

会同离退休工作处和离退休人员的原部门，共同做好离退休人员去世后的丧葬、家属抚恤等善后工作。

4. 后勤集团（校医院）

校医院为离退休人员就医提供方便，并建立离退休人员的健康档案。

定期为离退休人员进行体检。

对重病住院、疑难病症的离退休人员，协助其亲属做好与有关医院的联系协调工作。

按照政府和学校的有关规定，协调处理好离退休人员医疗费报销中的特殊情况，受理离退休人员医疗互助报销的审核。

5. 财务处

负责审核离退休工作处经费的预决算，并根据有关政策与学校的实际情况，落实各项经费。

按照有关政策进行离退休人员的离退休金、各类生活福利费用的发放。

6. 国有资产管理处

根据国家和学校房改工作的相关政策及学校的实际情况，逐步改善离退休人员的住房条件。在条件允许的情况下，根据相关政策，尽力帮助住房极端困难的离退休人员改善住房条件。

根据相关政策，统筹安排发放离退休人员的住房补贴。

及时维修离退休人员的活动场所和办公室，逐年更新、添置必要的活动设施和设备。

7. 党委宣传部、工会、学生工作处、团委

宣传党和国家有关离退休工作的政策，对离退休老干部、老领导、老教授及离退休人员中的先进事迹进行宣传报道。

发挥老同志在政治理论、工作经验、专业知识上的优势，使他们在学校的改革发展和建设，在教学、科研和青年教师培养，以及在关心下一代教育等方面发挥作用。

大力宣传尊老、敬老、爱老的良好社会风尚，发动和组织青年教工、党员、共青团员、大学生志愿者为老同志做好关爱、服务工作。

按照《中国工会章程》的规定，离退休人员可保留会籍，保留会籍期间免缴会费。工会要关心离退休人员，积极向有关方面反映他们的建议和要求。

学校召开教职工代表大会时，应特邀离退休代表列席会议，并听取他们对学校工作的意见和建议。

工会应与离退休工作处协助逝世离退休人员的家属做好善后工作。

四、离退休工作平台

学校离退休工作平台主要由以下三个平台组成，如图 7-1-2 所示。

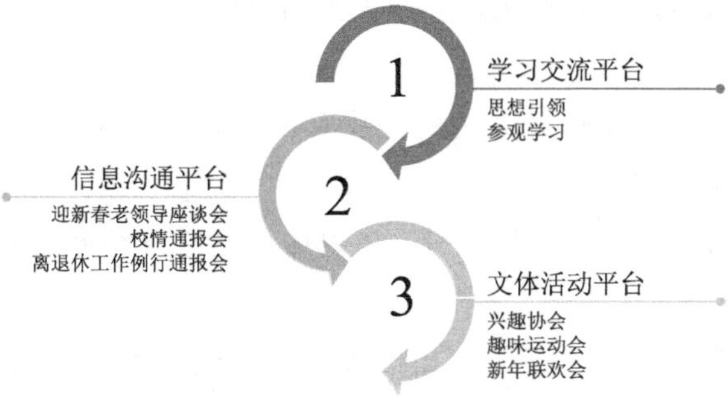

图 7-1-2　江苏科技大学离退休工作平台

（一）学习交流平台

1. 思想引领

离退休党工委每月召开会议，研究布置党建工作事宜。主要就目前上级和学校党委对离退休党的建设等方面进行专题研究，总结工作的成绩，查找不足之处和存在的问题，安排后续的党建工作，召开党支部书记和离退休联络小组组长联席会议，传达党工委会议要求，并召开各个党支部会议，保证各项工作落实落细，推动工作顺利进行。

2. 参观学习

通常安排在每年的春秋时节，组织身体允许的离退休人员外出参观学习，精心设计参观路线，分批参观风景名胜和具有教育意义的基地，在领略祖国大好河山之外，也进一步接受思想洗礼，激发大家的爱党、爱国、爱校热情。

（二）信息沟通平台

1. 迎新春老领导座谈会

通常安排在每年的春节前，主持由分管离退休工作的校领导担任，主要由校长介绍一年来学校事业发展取得的成绩，逐一听取参加会议的老领导的意见和建议。参加对象是全体退休的校领导，列席的有党委办公室、校长办公室、党委组织部、党委宣传部、人事处、学生工作处、研究生院、教务处、科技处、工会、财务处、后勤集团、离退休工作处等相关部门负责人。

2. 校情通报会

通常安排在每年 6 月份，主持由分管离退休工作的校领导担任，主要由校长介绍本学期学校事业发展取得的成绩，然后是校党委书记讲话。参加对象是离退休党工委委员、各离退休党支部书记、各离退休联络小组组长和离退休人员代表等，列席的有党委办公室、校长办公室、人事处、工会、后勤集团、离退处等相关部门负责人。

3. 离退休工作例行通报会

通常安排在每月（寒暑假除外）的第一个周一，通报全校上月学校取得的成绩和离退休工作的情况，并就下月离退休工作的情况通报征求意见和建议。参加对象为离退休党工委委员、各离退休党支部书记、各离退休联络小组组长和离退休工作处全体人员。

（三）文体活动平台

1. 兴趣协会

建立以离退休人员为主的各类兴趣协会，目前已建立夕阳红合唱团、舞蹈团，以及乒乓球、门球、棋牌、钓鱼、工艺美术、摄影、太极拳健身等协会，定期开展活动，长期参加活动的达到200多人次。各类协会经常参加学校和镇江市的相关演出活动，并屡次获奖，展现了江苏科技大学离退休人员积极向上的风采。

2. 趣味运动会

通常安排在每年的重阳节，由离退休工作处组织400多名离退休人员参加，本着弱化竞技性、强化趣味性以及弱化个人、强化小组的理念，突出简易性与安全性、注重团队荣誉感和归属感，特设置集体项目应声入筐和自投罗网、个人项目射箭和飞镖等丰富多彩的项目。

3. 新年联欢会

通常安排在每年的元旦节，由离退休工作处组织300多名离退休人员参加，联欢会的节目全部由离退休人员和离退休工作处人员完成，综合了独唱、合唱、舞蹈、乐器独奏、朗诵等多种才艺表演，中间穿插抽奖游戏，充分展现了离退休老同志既能引吭高歌又能翩翩起舞的才艺水平，体现出老同志热爱生活、享受生活的阳光心态，彰显了老有所学、老有所乐、老有所为的健康精神风貌。

第二节　离退休人员物质生活服务工作实践

一、工作机构健全

学校离退休工作领导小组，是学校开展离退休工作的领导和决策机构。

由学校党委书记任组长，校分管领导任副组长，领导小组成员由党委办公室、校长办公室、党委组织部、党委宣传部、学生工作处、团委、工会、人事处、财务处、国有资产管理处、后勤集团、离退休工作处等部门负责人和各学院（所）党委（党总支）及机关党委负责人组成。

各二级单位、机关党委设立离退休工作小组，由本单位主要领导任组长，小组成员由办公室主任、分工会主席等相关人员组成。

离退休党工委是学校的二级党组织，在学校党委的领导下，具体负责离退休党员的管理、教育和处理相关的党务工作。离退休工作处是在学校党政领导下对离退休人员进行服务和管理的职能部门，是学校离退休工作领导小组的办事机构。

二、生活服务有保障

1. 加强制度建设

强化制度创新，更新思想观念。老干部工作的政治性、政策性、责任性都很强，虽不是学校工作的中心，却牵动着中心。为此，要以完善规章制度作为工作的出发点，用足制度，切实维护离退休人员的利益；更要创造条件，服务离退休人员，为学校离退休人员解决实际问题。同时，要把离退休人员当作离退休工作者的亲人、朋友来看待。

学校制定《离退休工作管理办法》，贯彻落实党和国家关于离退休干部“老有所养、老有所医、老有所教、老有所学、老有所乐、老有所为”的老年工作方针，坚持以“党政主导、两级管理、全校参与、人人关怀”为指导思想，形成学校离退休工作合力，不断推进学校离退休工作的科学化、规范化管理，促进和谐校园建设。

学校制定《教职工医疗互助会管理办法》，适应国家基本医疗保险制度改革的要求，发挥医疗互助的作用，同时为患病的教职工解决部分实际困难，特设立江苏科技大学教职工医疗互助会，设立互助金，成立江苏科技大学教职工医疗互助会管理小组。互助金由学校和教职工共同筹集并接受社会资助和捐赠，互助金的筹集和使用旨在加强社会主义道德建设，弘扬团结友爱、扶贫济困、互助互惠和奉献爱心的优良传统，促进社会主义精神文明建设。学校事业在编的教职工均为会员。离退休人员自愿入会，会费由财务处统一从个人工资中代扣代缴，扣款人员名单由离退休工作处提供。

2. 完善服务平台

完善信息化服务平台，丰富信息平台内容，及时将信息传达给每位老同志。例如：建立新的兴趣协会，按照老同志的兴趣爱好，以“健康、快乐、和谐、安全”为宗旨建立夕阳红兴趣协会，为老同志老有所乐提供良好的平台；完善《最美桑榆情》栏目，突出老同志在国家进步和学校发展建设过程中发挥的重要作用，营造良好的舆论氛围，传播正能量。管理好已建立的兴趣协会，搭建“科教平台”“健康讲台”，定期举办健康知识、医疗保健、老年心理学、科技普及、时事政策、先进事迹等方面的讲座，传播社会正能量，提升老同志的品位，陶冶老同志的情操，丰富老同志的精神生活。

加强对离退休人员的数字化管理与服务工作，提高管理效率。通过进户走访、访谈聊天等形式，收集详细资料，建立健全离退休人员信息数据库并及时更新离退休人员信息，对离退休人员实行动态管理；改进工资查询系统，增加显示内容，使之成为离退休工作的窗口，进一步提高服务与管理工作效率。

3. 提供经费保障

学校根据国家和省相关政策发放的离休干部“特需经费”“健康休养费”，仍按现行办法执行；离退休人员活动经费，按现行办法全部用于离退休人员的福利（端午节、重阳节、春节）、生病住院的探望和生日的祝贺，以及离休干部（含遗属）、退休老领导的慰问等。

离退休工作处的行政经费，主要用于日常运行开支（包括办公费、电话费、邮寄费、工作人员差旅费、老年活动室报纸杂志订阅费、学习材料费等），以及老干部按政策规定用车、召开各类座谈会、开展各类活动，少量用作老年健身协会、老年艺术团等团体的活动经费。

离退休人员的参观学习活动所需经费由离退休工作处根据实际情况，用行政经费对参加人员适当补贴（最高不超过人均费用的50%），其余部分由参加人员承担。党员的参观学习活动所需经费由党费返还部分支出，行政经费适当补贴，不足部分由参加党员承担。

退休人员的各项福利和补贴，参照上级政策和学校相关规定执行到位。

4. 改善场所条件

为满足广大离退休人员的学习、活动、娱乐和交流的需求，学校先后建设了面积约300平方米的门球场和面积约400平方米的活动中心（包括阅览室、乒乓球室、台球室、支部活动室、棋牌室等），并购置了相关器材和家具等，为离退休教职工提供了愉悦身心、强身健体、沟通交流、切磋技艺的场所。除此之外，学校还根据老同志的身体情况，开展了丰富多彩的文体活动；按照老同志的需求，把各类活动打造成文体活动品牌，使之成为老同志喜闻乐见的活动。

三、措施到位

（一）日常服务

1. 健康服务

2019年，镇江市第一人民医院机关党支部医疗专家及骨科专业护士一行20余人携带多种医疗仪器及设备，应邀来我校为广大师生，特别是离退休老同志开展义诊活动，随行专家来自心血管内科、神经内科、骨科、康复医学科等重点科室。

活动现场，专家们通过询问、检查，针对老同志们的不同病情，一对一耐心细致地为其答疑解惑。此外，专家组还向老同志宣传常见病、多发病和慢性病、老年病的预防保健知识，提出健康治疗方案，制订有关康复计划。

骨科护士长现场演示了人工呼吸急救的全过程，对参与体验的师生认真指导其动作要领，细心纠正其错误动作，耐心详述了急救的规范要求。现场还邀请老同志配合开展游戏式的活动，请他们按口令要求做3个平时常做的动作，护士长就日常活动的动作姿态，谈老年人关节的各种疾病和骨质健康保护，通俗易懂，生动形象。白衣天使现场表演的健骨操，简捷易学，效果明显，健骨操的口令深受欢迎。

骨科专家袁主任提纲挈领、简明扼要地讲解了颈椎、腰椎以及膝盖等关节常见的疾病种类和日常防治的方法。特别针对从事教学研究和办公室伏案工作人员最常见的颈椎不适等相关问题，为大家现场演示“双手全力托天法”，每天坚持练习5分钟，能有效保护颈椎健康。

该活动由校离退休工作处、校工会、校医院与镇江市第一人民医院联合开展，共接待就诊咨询师生及离退休老同志200多人次，并为其中的100多人测量了血压、血糖等，发放各种健康知识宣传材料400多份，让参加咨询的同志们都享受到了实实在在的健康服务。

2. 努力为老干部做实事

为进一步改进工作作风和更好地为师生服务，离退休干部处积极深入老干部中听心声、摸实情，了解老干部的需要，极大地改善了老干部活动场所的设施和活动条件。首先，积极与相关部门协商，为老干部新建塑胶柔力球场地；改建门球场地部分露出地面的水管，完善设施，排除事故隐患；修缮门球场地、掷球场地的水龙头和洗手池，方便老干部使用。其次，联合校党委宣传部购置一批设备，为老干部活动室配置电子阅报栏；联合后勤管理处水电科、修缮科对老干部活动室进行全面的水电安全检查和维修，做好老干部活动室的消防安全工作，为老干部打造安全舒适的活动场所。

（二）疫情期间的健康服务工作

在疫情防控期间，广大老年人特别是独居、高龄、失能等有特殊困难老年人，在生活、就医、照护、心理健康等方面面临一系列实际困难和问题。2020年，为深入贯彻落实党中央关于抓紧抓实抓细常态化疫情防控工作的决策部署，全国老龄办按照《国务院应对新型冠状病毒感染肺炎疫情联防联控机制关于做好新冠肺炎疫情常态化防控工作的指导意见》要求，对做好常态化疫情防控中的老年人照顾服务工作，从以下六个方面提出了具体要求：

一是充分认识在常态化疫情防控中做好老年人照顾服务工作的重要性。二是做好老年人健康服务。要求各地创新工作手段，强化工作措施，做好常态化疫情防控中老年人健康服务。三是做好社区居家老年人照顾服务。要求落实属地责任，针对特殊困难老年人建立落实走访探视和关爱服务制度；加强防控宣传，指导老年人持续做好自身防护，保持良好的卫生习惯和健康生活方式；充分发挥社区老年社会组织、老年志愿者的作用，老年活动场所和社区为老服务场所要根据疫情形势逐步有序恢复为老年人提供服务。四是做好入住机构老年人照顾服务。要求各地指导养老机构、医养结合机构在严格落实疫情防控相关要求、保证入住老年人生命安全和身体健康的前提下，按照所在地区风险等级及时调整疫情防控策略，有序恢复正常服务。五是强化对老年人的兜底民生保障。要求扎实做好老年人各项民生保障工作，加强各项政策配套衔接，切实保障老年人的基本生活、基本医疗。六是加大对为老服务机构的扶持力度。要求各地全面落实国家及本地区出台的优惠扶持政策，同时结合地方和机构实际采取针对性、差异化扶持措施。

第三节　离退休人员精神文化服务工作实践

一、思想政治引领

1. 加强离退休党支部建设

由于高校离退休人员中党员较多，因此对离退休党支部书记的工作能力提出了更高要求。要选优配强党支部书记，抓好日常学习，从政治上、思想上引导离退休党员坚持开展组织生活活动，进一步激发他们老有所为的工作热情，发挥离退休党支部的战斗堡垒作用和离退休党员的先锋模范作用，让离退休人员继续以高昂的工作热情和积极的工作态度投入社会建设和学校建设中去。

2. 加强党支部书记和联络小组组长队伍建设

完善离退休人员自我服务网络，认真调研、广泛听取意见，选优配强党支部书记和联络小组组长。组织召开党支部书记、联络小组组长工作研讨会，就新形势下如何进一步组织引导老同志互帮互助、自我服务工作，进行深层次交流与探讨。对“工资调整”“西校区搬迁”“住房补贴调整”等涉及老同志切身利益的事情，离退休党工委发动党支部书记、联络小组组长及部分老党员一起认真、耐心、细致地做老同志的思想工作，争取更多的理解和支持。

3. 加强党员的思想作风建设

在离退休人员服务管理工作中充分发挥离退休党员的先锋模范作用，在关心、关爱孤寡老人和帮助有困难老同志等方面，准确掌握特殊群体老同志的生活、身体状况，及时处理突发事件。坚持定期召开党工委例会和党员组织生活活动，抓好小组成员的理论学习，组织党员参观“茅山新四军纪念馆”“中国人民解放军海军诞生地纪念馆”“苏中七战七捷纪念馆”等。通过党组织生活，增强党员的组织观念，使党员了解党的历史及新时期党的方针政策，同时增进同志之间的沟通与交流。

4. 加大宣传力度

建立“夕阳红”部门网站，定期更新宣传橱窗，举办“庆国庆、迎重阳”老同志摄影展，与宣传部联合在校报开设《最美桑榆情》栏目，用讲述老同志的亲身经历、爱校爱教的品格和对生活的热爱等的文章，展现老同志在学校发展建设过程中发挥的重要作用，为离退休工作营造良好的舆论氛围，提供正能量。

二、离退休教职工信息通报

1. 召开老领导座谈会

2021年7月，江苏科技大学校长周南平、党委书记葛世伦、党委副书记许俊华共同邀请退休老领导祝山、吴立人、庄大桓、诸国富、谢晋瑞、黄国建、沈贻森、董师润、夏纪林、李奕仁等一行走进长山校区，感受校区之美，并向老领导们介绍学校搬迁至长山校区办学后的良好发展态势。

座谈会上，葛世伦书记介绍了学校搬迁一年来的办学总体情况、未来的发展规划和布局设想，指出了学校面临的教职工宿舍建设、苏州理工学院转设、老校区家属区拆迁等现实问题。葛世伦书记非常感谢老领导在学校发展建设中的辛勤付出和无私奉献，指出正是在一届届领导班子的不懈努力下，学校才在规模总量、学科建设、人才培养质量等各方面都有了长足进步。校长周南平介绍了学校的高质量发展成就。他说，学校进入了江苏高水平大学重点培育行列，正在积极组织申报江苏高水平大学建设高峰计划遴选高校，在省政府的大力支持下，学校将以高质量发展为目标，继续在人才培养、科研创新、服务地方经济建设等方面开拓进取，全面提升办学水平。

老领导们纷纷感慨学校搬迁之不易，对学校发展取得的成绩倍感欣慰，为未来学校的发展建言献策，提出了很多促进学校协调发展的宝贵意见和建议。

2. 召开离退休教职工信息通报会

2020年10月，江苏科技大学在梦溪校区演讲厅召开了离退休教职工信息通报会。校长周南平、党委书记葛世伦、党委副书记许俊华出席会议，全体离退休党员，学校党委办公室、校长办公室、党委组织部、人事处、工会等职能部门负责人，以及离退休工作处全体工作人员共200余人参加了会议。会议由学校党委副书记许俊华主持。

校长周南平作《攻坚克难　乘势而上　谱写学校高质量发展新篇章》的报告，介绍学校事业发展情况和部署落实各项重点工作任务情况。周南平校长指出，2020年上半年，学校认真落实年度党政工作要点和重点工作任务，各项工作取得了新的成绩和成效，特别是66项重点工作指标任务进展良好，有16项指标任务已经提前完成或超额完成，其余50项指标任务也都取得了阶段性成果。学校荣获江苏省2019年度地方普通高校综合考核第一等次；“2020软科中国大学排名”位列第142位，较2019年进步31位；中国大陆高校“ESI高被引论文数量”排行榜位列第106位；“中国高校专利转让排行榜（TOP100）”位列第23位；化学学科进入ESI全球学科排名前1%。

党委书记葛世伦代表学校党委报告2020年上半年工作完成情况以及下半年要继续全力以赴完成好的年度重点工作任务。葛世伦书记指出，上半年，学校党委始终坚持以师生为中心，贯彻落实上级决策部署，团结带领全校师生奋力拼搏，打赢了疫情防控阻击战、新校区搬迁启用决胜战和学校发展冲锋战，在特殊环境中取得的一系列成绩，是学校办学实力整体上升的鲜明体现，极大地提振了全校师生员工的发展信心。葛世伦书记强调，随着新校区的正式启用，我们站在了办学发展历史新的起点上，新校区、新起点、新目标、新理念、新作为、新业绩，要抢抓“三大机遇”，全力推进学校下半年工作，确保全年工作任务落实，全面提升办学水平。他还指出，要以编制学校“十四五”发展规划为契机，从更宽的视野、用全新的理念，谋划学校高质量发展，把握高等教育发展态势更加精准、治理体系与治理能力更加完善、人才培养的中心地位更加牢固、学科龙头更加突出、学科创新更加聚焦、师资队伍品质更加提升、干部队伍更加担当作为、教职员工更加凝心聚力，书写学校发展战略新篇章，开创学校发展新局面。

3. 举行纪念上海船舶工业学校（简称“上海船校”）西迁镇江办学50周年座谈会

2020年5月，江苏科技大学举行纪念上海船校西迁镇江办学50周年座谈会，20余位离退休老领导、老同志重聚一堂，遥思往事，畅谈发展。党委副书记许俊华，党委常委、宣传部部长周春燕，离退休工作处、校工会、团委、对外合作处等相关部门负责同志参加座谈会，离退休工作处处长刘彩生主持会议。

2020年是上海船校西迁镇江办学50周年，同时学校将正式启用新校区。在这个重要的时间节点，学校举办了纪念上海船校西迁镇江办学50周年暨庆祝新校区启用系列活动。参会各部门具体介绍了各项活动的开展情况。

围绕中华人民共和国成立后学校发展史上的几个重要时间节点，老同志们纷纷打开记忆的闸门，追忆学校50年波澜壮阔的发展历程，重拾一幕幕艰苦奋斗的动人场景。老领导祝山回顾了学校从黄浦江畔的中专校逐步发展壮大的历程，他认为这与学校基础好，教职工政治素质过硬、业务能力强，以及地方政府的大力支持分不开。顾如龙、朱东林、孙秀法等老同志回忆了“鲁烟油2号”的建造过程，讲述了学校西迁后抢抓教学生产、重视实践教学的传统。作为当时西迁先遣队成员之一的李若莉老师，分享了她初到镇江时的所闻所感。老粮校代表张海耕等老同志追忆了粮校合并的过往。宋文彬等老师结合自身的经历讲述了船校创办的历史。作为学校发展历程的见证者，其他老同志也都表示要将记忆的片段整理成文，展现“船魂”精神的传承，将学校发展的珍贵史料留存下来。

4. 召开新校区运行信息通报会

2020年9月，应广大退休教职工要求，离退休工作处在后勤物业会议室组织召开新校区运行信息通报会。全体离退休党工委委员、各党支部书记、各联络小组组长及离退休工作处在职人员参加会议，刘彩生处长主持会议，特邀新校区建设指挥部常务副总指挥、基建处处长许建飞参加。

许建飞同志向到会全体人员详细介绍了新校区建设的全过程。从2013年与市政府签订土地置换新校区协议开始，到8年新校区建设中克服资金不足、4条输气管道改道、3条高压线移位等重重困难，再到新校区基本建成，学校大部搬迁并正式运行。新校区总占地2650余亩（1亩≈666.67平方米），实际建筑面积共56万平方米。为了确保学生（共1.4万余人）入住，新校区建设指挥部与市政府加大监督管理力度，对用水、用电系统安全整改，对电梯运行系统加强改造，对基础设施加强建设与调试，全面保障新学期工作的顺利开展。

许建飞还介绍了材料学院、体育学院、新教师公寓、文体中心、田径场、综合运动场等部分教学、实验楼和运动场正在加快建设速度，并对老同志提出的问题作了全面详尽的答复，赢得了老同志的阵阵掌声。

三、有组织、有计划地开展活动

1. 举办校离退休教职工趣味运动会

2019年10月，离退休工作处在东校区体育馆隆重举行了校第39届离退休教职工趣味运动会 。到会领导有党委副书记许俊华、工会副主席李明睿，会议由离退休工作处处长刘彩生主持，参会离退休教职工共有400多人。活动仪式在《我和我的祖国》优美的音乐旋律中开始，许俊华副书记发表了热情洋溢的讲话。这次趣味运动会本着弱化竞技性、强化趣味性以及弱化个人、强化小组的理念，突出简易性与安全性，注重团队荣誉感和归属感，特设置集体项目应声入筐和自投罗网、个人项目射箭和飞镖共四项。集体项目大家配合有序，相互鼓励，加油呐喊，此起彼伏；个人项目更是跃跃欲试，进位争先。整个会场似欢乐的海洋，获得优胜奖的高高兴兴，获得纪念奖的也欢欢喜喜。挥挥手，道声“保重”，期待明年再相逢。

2. 举办中医秋冬季养生系列讲座

2020年11月，学校离退休教职工与镇江市中医院专家、爱康工作人员欢聚一堂，先后在离退休工作处阅览室和西校区活动中心举办了两场生动的秋冬季科学养生讲座，由镇江市中医院院长陆素琴主讲。秋冬是人抵抗力最差的季节，秋冬养生主要在于滋阴润肺，应该多吃温润补气的食物。陆素琴院长着重从饮食注意防秋燥、养阴注意多喝水，到穿衣注意多保暖、洗澡不宜用时长，再到身体注意多锻炼、心理注意调节好等方面，详细讲解了具体做法和有关注意事项，通俗易懂，即听即会。同时告诫老同志们秋冬季坚持多睡一小时，记得补充维生素。陆校长还讲解了秋冬季日常生活中老同志们经常会遇到的一些问题及处置方法，和老同志现场展开面对面的交流和答疑，如：秋冬季突遇腰腿疼痛如何解决；秋冬季用热水泡脚是否能代替活动量减少，水温多少度合适，时间多久为最佳；秋冬季饮食如何搭配；冬季如何正确锻炼；等等。现场气氛活跃，满屋热情洋溢，离退休老同志们边询问边听边记，收获了大量秋冬季健康养生知识。

3. 组织参加镇江市老年人健步走大联动活动

2019年11月，江苏科技大学49名退休教职工参加“健康镇江”2019年江苏省老年人体育节镇江分会场闭幕式暨市老年人健步走大联动活动。镇江市市长、体育局和老体协领导出席活动仪式。广场上队旗飘飘，人头攒动，800多名老人齐聚秀丽的南山景区，个个精神饱满、神采飞扬，在欢声笑语中活动正式开始。老人们从主会场西入口广场出发，沿南山绿道步行，全程约3公里，每位老同志脸上都洋溢着运动的快乐。

4. 组织开展《我和我的祖国》观影活动

在庆祝中华人民共和国成立70周年之际，离退休党工委组织离退休党员、联络小组组长和入党积极分子共110余人观看电影《我和我的祖国》。电影中体现的中国精神、中国力量，让老同志们激情澎湃、热血沸腾，使大家真切地体会到“我和我的祖国一刻也不能分割”，中国的今天，从奋斗中走来；中国的明天，在奋斗中开创。影片结束时，在场老党员情不自禁地全体起立，随片尾曲唱响《我和我的祖国》。大家纷纷表示，生活在和平、美好的新时代，一定要牢记习近平总书记的殷殷嘱托，坚定中国特色社会主义道路自信、理论自信、制度自信、文化自信，不忘初心，砥砺前行，把个人奋斗融入时代洪流，在中国共产党的坚强领导下，同心同德、艰苦奋斗，为实现中华民族的伟大复兴，为实现“强富美高”的江苏共同目标，为把我校建设成为国内一流造船大学作出自己更大的贡献。

5. 举办艺术插花讲座

2019年，在“三八”国际妇女节来临之际，离退休工作处在西校区老年活动中心举办了以“祝福祖国，花传我情”为主题的插花活动，特邀插花技师现场为离退休女职工讲解插花艺术与技巧，丰富离退休女职工的精神生活。活动现场花香四溢、花球缤纷，20余名离退休女职工手持鲜花，表情专注，边剪边插、边调整边观察，充分发挥了女性独有的心灵手巧，创造出一个个造型优美、花团锦簇、色彩活泼的花艺作品，气氛温馨浪漫，欢声笑语响成一片。离退休女职工们手捧一束束造型优美的鲜花，开心地合影留念，个个笑得像花儿一样。

第四节 离退休人才作用发挥工作实践

一、充分发挥老同志的优势

习近平总书记指出，老干部是党执政兴国的重要资源，是推进中国特色社会主义伟大事业的重要力量。高校离退休老同志始终爱党、忧党、兴党、护党，在政治引领、工作经验、群众工作等方面有着诸多优势。充分发挥老同志的优势，有利于社会的发展和进步，有利于党风廉政建设，有利于社会的和谐稳定。

1. 发挥政治优势

老同志讲党性、讲原则，始终心系国家、情系群众，作风优良，甘于奉献，这些是老同志多年来形成的根深蒂固的政治优势。许多老同志离退休以后仍想发挥余热，哪怕是为学校解决一件小事、化解一个纠纷。因此，要充分发挥老同志的政治优势，用老同志身上的优良品质激励和鞭策年轻师生。

2. 发挥经验优势

老同志饱经世事，阅历丰富，从基层到领导岗位，见得多，思考得多，实践得多，经历的失败多，收获的经验也多，他们在长期的工作实践中总结出了一套行之有效的工作方法，这正是很多年轻人急需学习的。

3. 发挥群众优势

老同志从基层走向领导岗位，经常与人民群众打交道，有着良好的群众工作基础。因此，要让老同志多参加社会活动，多参与民主决策，这样既能丰富老同志的退休生活，又能提高干事创业的效率。老同志的能量是巨大的，很多难以解决的问题，请老同志出面往往能够得到事半功倍的效果。

学校组织老党员、老同志与正东路街道、江科大等社区结对子，选派多位党支部书记担任社区课外辅导站顾问，开展针对青少年的课外辅导活动；组织老党员参加大学生预备党员座谈会，进行党的知识和革命传统教育；支持“老专家协会”开展活动；协助关工委工作，积极参加镇江市“百名教授老区行”和“百名教授中小学行”活动；在党员中开展每月多交1元特殊党费的活动，用于资助贫困新生。

二、成立大学生“成长驿站”

大学是人生旅途中极为重要的阶段，它为将来的人生奠定着目标方向、事业基础，也对一个人的感情生活、文化内涵起着至关重要的作用。当代大学生多数是独生子女，他们在成长过程中面对的是比过去更加复杂多变的国际国内社会环境。帮助大学生树立社会主义核心价值观，应对各种物质和精神的挑战，是老一代教育工作者义不容辞的责任，也是高校关工委工作的重要任务。

学校关工委在校党委的领导下，以社会主义核心价值观为引领，成立大学生“成长驿站”，积极参与关心大学生的健康成长，潜心做好大学生思想政治教育工作，取得了良好的工作成效。

“成长驿站”旨在通过接待大学生来访、举办讲座、参与班级活动等形式，开展“老少”互动、“结对子”等活动，努力倾听广大学生的诉求，帮助学生分析问题，明确政治方向，树立理想信念，解除心理压力，掌握正确的学习方法，教育学生正确对待社会现象，正确对待爱情和人生，正确处理个人利益和国家利益的关系，引导学生健康成长。

1. 坦诚沟通，倾听诉求关爱学生

“成长驿站”的指导教师们以爷爷奶奶对自己孙儿般的关爱之心，与大学生平等交谈，倾听他们的心声、了解他们的需求，从思想上帮助他们提高认识，在方式方法上给予具体的点拨，帮助新生尽快适应大学新生活，增强学习动力，指导他们制订学习生涯规划。

2. 情理交融，循循善诱启发学生

面对学生们内心困惑的诉说，老教授们以情感人、以理服人，推心置腹地与他们谈心，帮助有困惑的学生消除忧虑、减轻心理压力。在老教授们循循善诱的开导下，不少学生解开了心中的“疙瘩”，扬起了前进的风帆。

3. 发挥优势，高尚师德塑造学生

作为“成长驿站”的指导教师，老教授们深知自己肩上的担子有多重，他们信守社会主义核心价值观，以实际行动体现“学高为师，身正为范”，潜心为学生服务，尊重学生的个性和人格，培养学生的品德和能力，健全学生的心理和体魄，以高尚的师德影响和塑造学生。

4. 内外结合，多种渠道引导学生

为帮助更多学生健康成长，“成长驿站”的指导教师还走出接待室，参加学生的主题班会共谈人生，召开座谈会听取学生的困惑，到业余党校开展党的基本知识“面对面”访谈，组织放映《长大不容易》录像，组建系列讲座报告团，进一步激发学生的爱国热情，坚定学生的理想信念，增强学生的学习动力。

5. 以人为本，排忧解难服务学生

“成长驿站”的老教授们在每一次的接待中都认真地把学生们的困惑和忧愁记录下来，定期开展分析研讨，并积极与有关部门联系，想方设法帮助解决，在配合有关部门积极解决学生实际困难的工作中充分发挥了桥梁作用。

三、成立教师教学发展“行知驿站”

近年来，学校师资队伍注入了大量的新鲜血液，45 岁以下的青年教师占据了教师队伍的半壁江山。青年教师不仅是高等教育人才培养的生力军，更是高等教育提升内涵的排头兵。如何通过现有条件培养青年教师，使其在师德师风建设和教学及科研方面迅速成长起来，变得十分重要。基于这样的现实背景，江苏科技大学关工委与教务处共同成立了教师教学发展“行知驿站”来培养青年教师。

“行知驿站”是江苏科技大学关工委联系青年教师的工作平台，旨在通过联系青年教师、接待青年教师来访、努力倾听青年教师的诉求，指导青年教师的教学和科研工作，帮助他们加强师德师风建设、塑造健全的人格。

1. 服务对象

近五年新进校具有博士学历的青年教师。

2. 工作内容

通过接待青年教师来访、座谈交流、随堂听课、结对培养等多种途径，努力倾听广大新教师的诉求，帮助他们分析问题，缓解心理压力，掌握教学方法，不断提升职业素养和业务能力；通过坦诚沟通，帮助他们树立信心，以著名教育家陶行知为榜样，正确对待事业和人生，正确处理做事与做人、教书与育人的关系，引导青年教师健康成长。

3. 组织形式

作为专家咨询服务机构，“行知驿站”的组成人员全部是退休和临近退休的优秀老教授、老专家。这些老一辈教育工作者德高望重，既具有丰富的人生经验和教学经验，又具有脚踏实地的工作作风，善于把握青年教师的成长和发展规律。

4. 工作方式

一是设立专家热线电话。青年教师可随时与指导专家通过电话进行沟通联系，或约定个别访谈获得咨询帮助。

二是值班接待来访。开设专门的咨询接待办公室，由指导专家值班，接待青年教师来访。

三是举办恳谈会。根据实际需要，每学期举办 3 次左右不同规模的恳谈会，由多名指导专家与教师直接双向沟通交流。

四是开办讲座。指导专家开设有关教师职业心理、高等教育理论研究、教学科研方法等方面的专题讲座。

5. 工作途径

工作途径主要有：值班接待、个别访谈；随堂听课、精心指导；联系学院、座谈交流；举办讲座、弘扬师德；结对传帮、跟踪培养；等等。

6. 工作制度

一是"一对一"联系制度。每年举办一次"一对一"联谊活动，每个指导教师确定2~3名青年教师对口帮扶培养，及时反映帮扶青年教师的教学、科研、政治思想等有关情况。

二是听课制度。每学期指导教师对所联系的青年教师现场指导1~2次，对青年教师的教案、PPT和课堂教学的质量提出意见和建议，并形成书面材料报校关工委备案。

三是联系学院制度。"行知驿站"的指导教师分成若干小组，每个小组联系2~5个学院，定期参加各二级学院关工委组织的专题活动，积极帮助二级学院关工委建立青年教师培养工作平台，充分发挥各二级学院的"五老"作用，努力扩大青年教师的受益面。

四是学习研讨制度。每学期安排1~2次理论学习和工作研讨会，组织学习中国新时代特色社会主义理论、党中央有关方针政策以及上级关工委会议精神，围绕学校党政中心工作，结合青年教师反映的问题开展研讨并提出意见和建议。

五是讲座制度。每位指导教师要根据青年教师和本人特长，承担一些专题讲座任务，宣讲社会主义核心价值观、党史、校史、校情、教学科研方法、心理健康等知识。

六是工作总结制度。每学期开展一次"工作小结"，每年召开一次"行知驿站"工作总结交流会议。

7. 社会影响

"行知驿站"在帮助打造优秀青年教师队伍方面初显成效，被《中国教育报》、《江苏教育》、"中国江苏网"等新闻媒体报道。

四、成立学校教学督导组

为了进一步配合学校做好教学工作，加强对教学工作的检查监督，提高教学质量，校关工委会同老专家协会充分发挥离退休老教授、老专家经验丰富、知识渊博、治学严谨的优势，积极组织部分老教授、老专家参加教学督导工作。

学校于2001年开始聘请多位退休老教授担任教学督导员，并组成教学督导组，此后各二级学院也纷纷选聘退休老教师担任各学院的教学督导员。

教学督导员聘请退休或在职的教学水平高、教学或管理经验丰富、责任心强、热心教育工作的教师或管理干部担任，要求年龄在 65 周岁以下（特殊情况可适当放宽，但不超过 68 周岁），身体健康，具有副高级及以上专业技术职务。

教学督导的主要工作任务：一是跟踪督查教学工作活动，掌握教育教学各环节的运行状态，反馈教学执行实效信息，监控教育教学和人才培养质量；二是帮助、指导教师改进教学工作，促进提高教师教学发展水平；三是检查教育教学管理情况，分析、研究与教学建设、教风、学风等相关的典型问题，对教学工作的改进方向和具体措施提出建设性意见。教学督导的岗位职责在于监督学校各项教学制度有效执行，指导并促进加强教学建设和教学管理，不断改进教育教学工作。督是基础，导是关键。督导范围涵盖每个一线教学、教学管理和教学保障环节，以及所有师生和教学工作相关人员。保障各类教学环节取得应有的教学效果，促进教师提高教学发展水平，是教学督导工作的重点。

老教授们以强化教学监控、帮助青年教师提高教学质量和提升教学管理水平为任务，通过走进课堂了解青年教师的备课情况、讲课水平、教学内容以及学生的学习动态等，及时帮助青年教师改进教学方法，同时帮助学生明确学习目的、端正学习态度、改进学习方法。老教授进班级听课还能就教学内容、教材选用、课程设置等教育改革方面的问题及时向有关职能部门反映，以充分发挥关工委在协助提高教学质量工作中的配合补充作用。

案例 1：离退休干部党建工作实践

退休后他当了 15 年党支部书记

2000 年初，张海耕退休的第二年，学校决定成立南校区退休人员党支部，通过选举，学校党委任命他担任南校区退休党支部书记，在学校党委和离退休工作处党工委的领导下开展工作。历经四次换届，张海耕连选连任。屈指算来，他已义务当了 15 年党支部书记。

在张海耕同志的带领下，支部党员“离岗不离党，退休不褪色”，有的参加学校老专家组工作，有的当辅导员、班主任，有的担任发展党员的组织员，有的担当大学生“成长驿站”的指导教师，有的积极参加镇江高校

“百名教授老区行”活动，有的在社区帮助工作，都在退休后继续发挥余热。支部党员共有 14 人次先后被镇江市和学校评为“文明健康老人”，为此党支部又被校党委评为“优秀党支部”。

张海耕为什么愿意担任党支部书记，而且一干就是 15 年呢？

因为“信任”。张海耕与支部的这些老同志一起工作了几十年，感情很深。成立党支部时，大家一致选举张海耕当支部书记，他没有觉得屈尊，他觉得人活着总得做点事情，老了也应“发挥余热”“老有所为”，见大家如此相信自己，他欣然接受了学校党委的任命。后来几次换届，大家都一致肯定他的工作并继续推选他。对于同志们的信任，他也不好意思拒绝。原来信任也是动力。

因为“荣誉”。张海耕两次被评为学校“优秀党员”，两次被评为学校“文明健康老人”，三次被选举为学校党代会代表，还获得了镇江市关心下一代“先进工作者”荣誉称号，所在的党支部荣获学校“优秀党支部”称号。张海耕视荣誉为鞭策，更加努力，从不怠慢。

因为“快乐”。支部有两名党员因中风行动困难，张海耕每年都要上门探视。如果碰上南校区的退休人员生病住院，张海耕就会陪同离退休工作处的工作人员前去看望。重阳节时，他多次组织离退休同志“回老家”看看，受到了南校区领导的热情接待，老同志们都很开心。因为自感“老朽”还有可用之处，因为送人玫瑰手留余香，因为奉献就会收获快乐，所以张海耕感到心中愉悦，很有成就感。

在任党支部书记的同时，张海耕又是学校离退休工作处党工委的成员，曾任统战委员，多次参加学校召开的民主党派退休老同志座谈会，结交了很多新朋友，也结识了不少德高望重的党外老同志，他们的重大贡献、高风亮节使张海耕深受教育。张海耕还受聘为学校关心下一代工作委员会大学生“成长驿站”指导教师、大学生校外“启航辅导站”顾问，与很多年轻大学生交流互动。总之，张海耕的退休生活过得很充实。

案例 2：离退休干部党建工作实践

牢记使命，奉献永远

作为一名老党员，朱东林对怎样做一名合格党员有着深刻的自我理解和认识。他始终认为党员就是要有奋斗精神、奉献精神，要有为人民服务的思想。如今，朱东林已经退休多年，但仍旧不忘自己共产党员的身份，坚持与其他离退休老党员一起，积极投入学校关心下一代的工作中，担任大学生“成长驿站”站长，配合学院开展大学生思想政治教育工作，接待学习上、生活中存在疑虑和困惑的大学生，为他们答疑解惑。此外，朱东林还结合自己的人生经历对大学生提出了几条建议：首先，要严以律己，懂得吃亏是福，有奉献精神；其次，要宽以待人，以诚相待，与人为善。

退休后，朱东林担任离退休党工委委员和第十一退休党支部书记，在校党委的领导下发挥党建工作方面的经验优势，为离退休党工委组织开展活动出谋划策。作为党支部书记，他认真履行支部职责，帮助党员及时了解党中央的重要决策、学校党委和离退休党工委的重要事项，发动和支持党员为学校的发展和改革多作贡献。平时密切联系群众，关心群众，服务群众，经常组织党员开展有意义的教育活动，及时了解党员的思想动态，帮助他人解决实际困难，努力维护老同志队伍的稳定与和谐。

案例 3：离退休老教授助力脱贫攻坚的实践

产业扶贫三江　银发千里送“宝”

潘一乐，九三学社社员，1944 年 1 月生，蚕研所退休。潘一乐同志是博士生导师、二级研究员，曾连续三届担任全国人大代表。他积极响应省委“银发生辉”工程项目建设号召，助力乡村振兴，帮助农民增产增收。2019 年 9 月，镇江市将“银发人才工作站”授予潘一乐蚕桑科研服务团队。在脱贫攻坚关键之年和常态化疫情防控形势下，潘一乐远赴广西三江侗族自治县八协村开展“七彩农业”微田园建设，对蚕桑进行综合开发和利用，做到精准扶贫。同时，他还积极参加学校关工委的工作，关心青年教师和学生的成长。

潘一乐同志热心公益事业，积极参加志愿服务、“银发生辉”工程项目，令人感动和敬佩。经离退休党工委第九党支部推荐、“阳光老人”评审委员会评审，一致同意授予潘一乐同志江苏科技大学首届“阳光老人”荣誉称号。

2020 年是全面建成小康社会的决胜之年，为坚决打赢脱贫攻坚的硬仗，4 月下旬，全国著名蚕桑专家、江苏科技大学关工委老教授潘一乐作为“镇江银发人才库”的银发专家，与国家稻鸭共作示范基地的老专家沈晓昆一道，跨越千里赴广西三江独峒镇八协村指导产业发展，为该村脱贫攻坚工作“把脉支招”。

老专家们进村后的一系列实干工作，农户们看在眼里、记在心上。临行前一晚，一位种植大户热情邀请他们来家里吃饭，感激地说道：“之前也有很多人来到我们这里调研，给过我们承诺，但像你们这样手把手指导我们的很少，真的是太感谢你们了。”

“老专家这么大的年龄，一个 77 岁，一个 73 岁，从江苏那么远的地方来到我们山区，帮助我们脱贫，让人很感动。他们不仅给我们带来了好项目，还带来了实实在在的技术指导。他们这么用心帮我们，我们自己再不努力就没法向老百姓交代了。”当地一位村干部如是说道。

案例 4：离退休教师关心下一代的实践

“成长驿站”：校园里的心灵氧吧

这是“成长驿站”成立后的第三次接待，负责指导的是一位女老师，60 岁上下，花白的头发、灰底暗花的外套、爽朗的嗓音，亲切得一如邻家奶奶。屋子里围坐着 4 名同学，正就专业学习问题热切交流着。女老师姓彭，退休前一直从事马克思主义基本原理的教学工作。虽然与大学生有着几十岁的年龄差距，她却无传统“讲马列的老太太”的古板，拉家常式的聊天更是拉近了彼此的距离。这些彭老师眼里的孩子，一个个毫无保留地袒露着自己在恋爱、学习和生活上的困惑，也认真听着来自长辈的建议。

何为“成长驿站”呢？筹建该驿站的关工委常务副主任沈贻森表示，他一直非常关心大一新生这个群体，他认为良好的开端是适应并规划好大学生活的关键，虽然每个学院新生开学都有专业教育、职业生涯规划指导，也有专门的辅导员负责指导，但都是以会议或者主题报告的形式进行，很难做到“一对一”的交流和沟通，既然专业课都有课外答疑，那么“人生”这一课也应该有个答疑的渠道，于是他萌生了成立“成长驿站”的想法。

“成长驿站”里的 12 位答疑老师都是离退休教师，他们均有着几十年的教育教学经验和丰富的人生阅历。虽然这项工作并非专职，也没有报酬，但他们表示非常愿意参与其中并会很努力做好。受聘为指导教师的李巧改教授说：“驿站的工作是对班主任和辅导员工作的补充，学生来到驿站不会有所顾虑。”老同志比较有亲和力，可以面对面地帮助大学生分析问题、解除心理压力，指导大学生正确处理人际关系，以及平衡个人感情与学习，合理安排时间，使他们在成长的道路上轻装前进、快速前进。

这是一项新的举措，也是育人模式的全新探索。它到底能产生怎样的育人效果，能不能得到大学生的认可？副主任沈贻森表示："这项工作是摸着石头过河，只要对学生有益就会坚持下去。"这一做法得到了学校领导的高度肯定和支持，他们认为，老一辈教育工作者既具有丰富的人生经验和教学经验，又具有脚踏实地的工作作风，不仅善于把握大学生思想政治教育工作的规律，也善于把握大学生成长发展的规律，在老一辈教育工作者的无私奉献下，"成长驿站"一定会建设成为大学生思想政治教育的加油站、业务学习的辅导站、生活道路上的指导站、帮困解惑的接待站和学生与校方的联络站。

案例 5：离退休教师联系青年教师的实践

托起明天的太阳

陈保香同志退休前，是原华东船舶工业学院计算机学院的党总支书记。退休后，他一直积极参加关心下一代工作，先后担任学校关工委委员、关工委常务委员、计算机学院关工委副主任，现任校关工委和教务处共同建立的青年教师教学发展"行知驿站"站长。

他常说，学校的未来属于青年教师，关心青年教师的成长是功在当代、利在千秋的永恒事业，作为一个在学校从教近 40 年的老教师，他应该责无旁贷地做好这项工作。他决心尽己所能帮助青年教师，使他们在教育教学事业中汲取经验、少走弯路，在取长补短中获得更快的进步。为此，他在工作中认真负责，通过积极组织老教授、老专家接待青年教师来访、座谈交流、随堂听课等多种途径，努力倾听广大青年教师的诉求，帮助他们分析问题、解除心理压力、掌握教学方法、不断提升职业素养和业务能力，受到了广大青年教师的欢迎。他还坚持每年参与由工会、人事处、关工委共同组织的新教师参观"陶行知纪念馆"，开展"学陶师陶"活动，并经常在备课、上课、辅导学生、作业批改等方面给予青年教师具体指导。

陈保香认为，上好一堂课，教学理念非常重要，是学生跟着教师走，还是学生自我理解，决定了教师如何备课。青年博士小杨是物联网安全技术领域的专业人才，科研成果丰硕。站上讲台，他对着自己制作精美的课件侃侃而谈，听课的陈保香夸奖了他，但同时又委婉地提出一个问题："你觉得课堂是展示教师自己重要，还是调动学生的积极性重要?"一直以来，小杨上课时眼神总是专注于计算机屏幕，迫切地想把知识传递给学生，却忽视了最基本的师生互动、活跃课堂。陈保香告诉小杨："自己明白只能说明学问深，能让学生明白才是好老师。"小杨找到陈保香求教，那堂课后，他对如何上好一堂课有了新的理解，并反思了自己的教学方式，随后的第二堂课风格焕然一新，深受学生欢迎。为帮助青年教师少走弯路，陈保香还主动提供多年积累的经验体会和有关教育理论资料，供青年教师教学研究参考，助力他们全面成长。

近年来，学校师资队伍注入了大量的新鲜血液，如何使他们在师德师风建设和教学及科研方面迅速成长起来，变得十分重要。在校关工委和教务处的大力支持下，陈保香与"行知驿站"全体老专家一起，积极探索构建以"结对培养"为主要形式的"传帮带"工作机制，助力青年教师成长成才。

在实施"传帮带"工作的过程中，他密切配合学校教师教学发展中心，协助举办专题教学沙龙，交流"如何上好一节课"；认真组织"行知驿站"的老专家率先与近两年进校的新教师"一帮一"结对子，并明确职责，根据结对的青年教师的实际状况，从理论到实践给予具体指导，帮助青年教师提高执教能力。为把"结对培养"落到实处，他坚持每学期都召开"行知驿站"会议，和老专家们共同分析研讨；同时还对老专家随堂听课和联系学院的任务进行分工，以逐步形成"校、院、系"三级网络，推进"传帮带"工作的正常运作，确保实际成效。

许多结对的青年教师对"行知驿站"开展的"传帮带"活动感触颇深。他们说："老教授们甘当人梯、甘做铺路石，在帮扶中用自己良好的言行潜移默化地影响我们年轻人，尤其是通过'传帮带'，为我们和老教师之间相互听课、说课、评课构建了平台，使我们能更好地学习到老教师多年来积累的教学经验和课堂应变经验。在这样优越的环境中，我们年轻教师更应全力把握机遇，努力提高自己。"

在陈保香同志的率领和全体老教授的共同努力下，"行知驿站"成立五年多来，在配合学校打造优秀青年教师队伍方面初显成效。《江苏科技大学报》《中国教育报》《光明日报》《江苏教育》以及"航标灯"网站等新闻媒体都作了相关报道，在校内外产生了良好影响。

案例 6：离退休教职工自我管理、自我服务的实践

化作春泥更护花

退休后，江建梅响应学校“离退休干部继续发挥作用、增添正能量”的号召，积极加入学校关心下一代的工作中，定期与学生见面谈心，帮助他们解开心结，引导他们完成学业。结合自己入党前后的成长，江建梅时常对大学生说：“作为一名大学生，应该心中有党，尽管你们有些现在还不是党员，但要努力向党组织靠拢。你们生在一个好的时代，肩负着实现伟大中国梦的重担，是一个发挥自己才能的绝佳时机，要学习前辈和老党员勤恳踏实工作、无私奉献的精神，提高自身素质，实现自己的人生价值，为祖国的繁荣富强添砖加瓦。”

学校离退休工作处成立了江苏科技大学“夕阳红”舞蹈团，江建梅和其他党员积极参加，做到“离岗不离党，退休不褪色”。她们每年多次排练新的舞蹈节目参与学校宣传活动，只要有演出任务，不论是盛夏酷暑还是寒冬腊月，在演出之前，大家都主动克服困难认真排练，从不懈怠。她们不仅在校内演出，还参加镇江市关工委每年举行的“百名教授老区行”活动，送文艺下乡。特别是 2021 年冬天举办的以“学习贯彻十九大，校镇共建新农村”为主题的文艺会演，她们冒着严寒露天表演，充分展现了离退休教职工的风采，体现了退休党员的奉献精神。她们一致认为，虽然退休了，但仍要保持共产党员的本色，为学校的发展贡献余热。

第八章　新时代高校离退休工作的展望

第一节　高校离退休管理工作的创新路径

一、深化认识，提高对离退休工作的重视程度

要进一步深化对新时代下离退休工作的认识，把离退休工作抓好抓实。一是要深刻认识党的二十大对离退休工作作出的重要阐述，切实把离退休工作摆在学校整体工作的体系中，从干部人事制度改革创新的总体角度去思考离退休工作，进一步提高对高校离退休工作思考的主动性和积极性。二是要通过联合高等院校、离退休工作部门等有关组织机构进行研讨，深入分析新时代下高校离退休工作的新特点，特别是离退休人员在服务管理需求上的新动态，讨论分析适应离退休人员服务管理的创新机制和方式方法，科学规划离退休工作，为提升离退休工作水平打好理论基础。三是要科学认识社会参与离退休工作的重要性，转变服务管理思维，围绕购买社会服务，深化对离退休人员服务体系的认识，积极寻找适合高校离退休人员的社会服务机制，为创新服务模式打好基础。

随着离退休人员的主体变化以及国家对离退休人员的重视，高校离退休工作者要以习近平新时代中国特色社会主义思想为指导，转变工作理念，改进服务方式，增强政治意识、大局意识、责任意识、服务意识，不断提升工作能力，开拓工作思路，拓宽服务渠道。在工作中要“让学校党委放心，让老同志满意”，认真落实“两项待遇”，广泛听取离退休教职工的意见，帮助离退休教职工解决实际困难，以做好事、办实事、解难事作为离退休工作的出发点和落脚点。

二、完善制度，推动离退休工作管理规范化

制度建设带有根本性、全局性、稳定性、长期性。积极稳妥推进离退

休工作转型发展，要着力加强制度建设。要坚持先易后难、循序渐进、规范引导。一方面，积极作为，稳定离退休人员特别是退休干部的合理预期，为转型发展攻坚克难赢得时间、空间；另一方面，有效约束服务管理利益攸关方的行为，减少服务管理工作的随意性。

新时代下推动高校离退休工作不断提升，需要有制度予以支持。要从政策法规角度为离退休工作明确依据，在管理、服务、党建、待遇、活动等方面出台规范化指导细则，特别是离退休人员现有政策，要有明确的释法、释义，以增强对工作的指导性。例如，离退休人员的医疗、工会福利、文体活动等方面的经费支出标准等，都需要有明确的指导意见，不仅要保障符合政策法规，还要维护离退休人员的切身利益，避免因标准不统一引发不公平等问题。类似这些问题，都需要从政策法规方面进行明确的阐释，以确保维护离退休人员的利益。学校也要依据政策法规配套完善的离退休工作制度，确保离退休工作能够按照制度有序推进。此外，高校离退休人员多数具有丰富的工作经验和业务专长，应通过相关的政策制度给予离退休人员发挥专长的平台，并给予一定的待遇，激发离退休人员的工作热情，使其更好地服务社会。

三、加强管理，促进离退休工作不断创新

新时期创新离退休管理工作应坚持在学校党委的正确领导下，围绕“以服务为中心、稳定为重点、和谐为根本”的目标，尽职尽责为离退休教职工办好实事，为学校稳步上升、文明建设作贡献。具体可在以下方面进行高校离退休工作的创新实践与探索：

（1）面对众多的离退休人员，在高校里仅仅依靠离退休部门工作人员的力量，很难应付日常工作，更别说深入基层和不断创新。为此，高校要组建离退休部门管理网络（见图 8-1-1），把离退休老同志组织起来，形成以离退休部门管理为主、离退休工作自主管理网络为辅的管理机制，以此形成开展离退休工作的工作机制。围绕这一思路，可依托已有的离退休基层党支部、党小组体系或新建这类组织，以生活片区、楼栋为单元，划分行政大组、行政小组，大组组长、小组组长尽可能由离退休党支部书记、党小组组长兼任，使行政网络和党支部网络交叉重叠，融为一体，互相促进。每个行政大组和基层党支部充分调动所属行政小组、党小组的工作积极性，组织联系所属离退休人员，主动开展走访看望、文体康乐等活动，起到承上启下、沟通信息、贯彻执行的作用。构建行政、支部两张网络并大力发挥其作用，这样既可以激发离退休骨干人员“老有所为”的积极性，又将离退休人员很好地组织了起来。同时，借助这种网络，还可以掌握大量最基层的信息、各种问题所在以及所需。

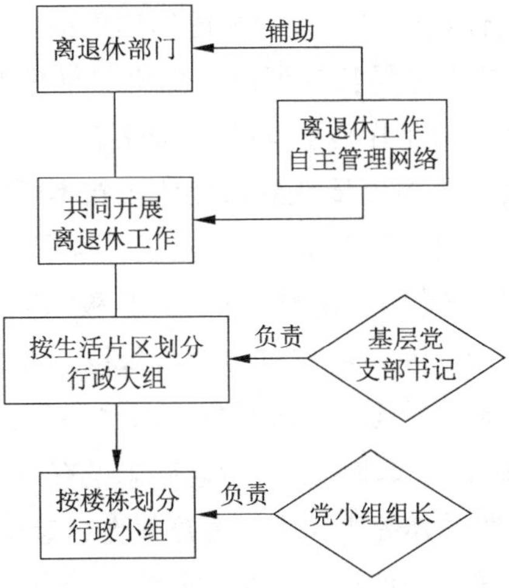

图 8-1-1 离退休部门管理网络

（2）实施“凝聚党员”工程，把退休党员牢牢吸引在党组织周围，使退休党员自愿接受党组织教育，自觉服从党组织的管理。

首先，政治上尊重。一方面，认真组织退休党员过好党组织生活。在学习形式上，本着“次数不宜过多、时间不宜过长”的原则，通过座谈会、学习讨论会、读书班、谈心活动等灵活多样的形式，使退休党员在轻松、愉悦的氛围中受到教育。另一方面，经常开展一些符合退休党员特点的主题活动。例如，每年“七一”、国庆等重大节日，举办老党员座谈会，组织他们评议党支部近期工作、畅谈学校发展的大好形势、探讨如何做一名合格的共产党员等。此外，在表彰学校优秀党员时，老党员应占有一定的比例，要充分让老党员感受到尊重。

其次，组织上关怀。离退休工作部门党组织在接转组织关系的同时，要开好一个欢迎会、谈好一次话、搞好一次家访，让退休党员有一种到“家”的感觉，体会到组织的温暖。

最后，生活上关心。针对退休党员晚年生活的特点，以他们的“所思、所缺、所急、所难”为重点，通过开展“进党员家、知党员情、解党员难，暖党员心”活动，积极帮助他们排忧解难。定期走访慰问退休党员、困难党员，了解他们的生活状况，把党的温暖送到他们心中。

四、利用信息化，拓展离退休工作新渠道

习近平总书记指出：过不了互联网这一关，就过不了长期执政这一关。总书记对互联网在现代社会治理中的关键作用可谓一语中的。中组部老干部局在第 19 期全国老干部局长轮训班上提出“推进老干部工作信息化建设”的要求。推动离退休工作转型发展，“全面触网”也是重要手段。

新形势下以网络作为主要依托的新媒体正在不断发展，这种新型社会发展潮流应适当地融入离退休工作当中。运用“互联网+”思维，建立微信公众号、微信群、QQ 群等信息化服务平台，积极拓宽新媒体传播渠道，完善和丰富信息平台内容，及时将信息传达给每位老同志，实现信息服务的及时化和精准化；根据老同志的兴趣爱好，以“健康、快乐、和谐、安全”为宗旨，建立“夕阳红”兴趣协会，为老同志老有所乐提供良好平台；搭建“科教平台”，定期举办健康知识、医疗保健、老年心理学、科技普及、时事政策、先进事迹等方面的讲座，传播社会正能量，陶冶老同志的情操，丰富老同志的精神生活。一方面，帮助老同志提高对媒介的认知；另一方面，借助网络等新条件更加直观、系统地对老同志进行宣传教育，提高工作效率。当前，我们通过“互联网+”信息化手段，建立了离退休人员网上家园、网上党支部，建立了离退休人员信息管理系统。下一步，要在整合资源、强化共享上下功夫。一是要进一步完善信息系统，整合组织（干部统计）、人社（养老、社保）、卫健（医疗）、老干部（信息库）等系统的离退休人员数据，做到离退休人员信息精准掌握、需求精准把握；二是要打造没有围栏的网上家园，推动实现离退休人员“全面触网”，在网上实现老有所学、老有所乐、老有所为。

同时，要深化信息技术应用，构建智慧医疗体系中不同形态的技术关联和服务模式创新平台。充分利用日渐成熟的大数据、云计算、物联网、区块链、人工智能、服务型机器人等新兴技术，对接整合民政、卫健委、社区、医院、家政公司、劳务维修公司等各方信息，不断深化与健康、医疗、养老产业的深度融合，开发应用智能终端（见图 8-1-2）和居家社区养老服务智慧平台、信息系统、App 应用、微信公众号等，重点拓展远程提醒和控制、自动报警和处置、动态监测和记录等功能，服务各类老年群体。

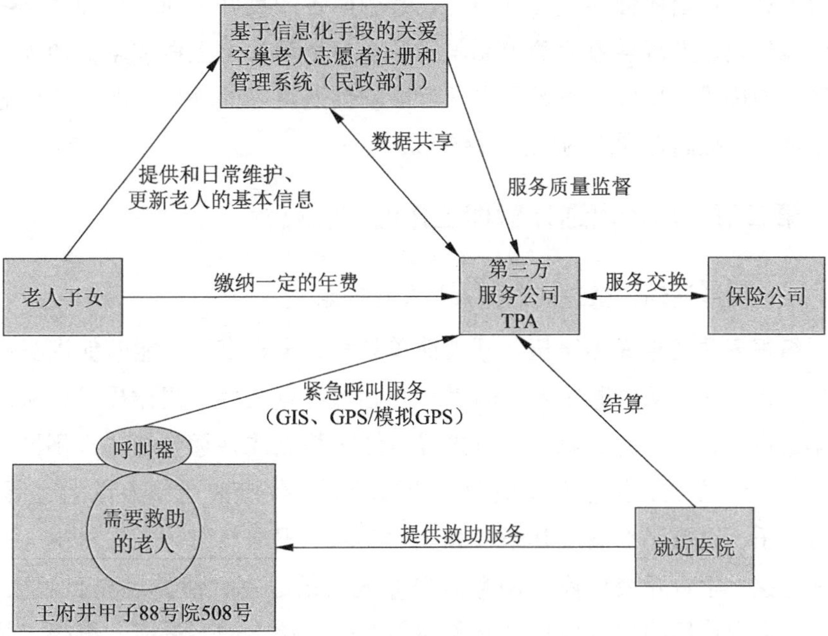

图 8-1-2　“基于信息化的多按钮终端设备”流程

五、建设平台，保障离退休工作高质量发展

老同志活动中心和老年大学是老同志政治学习的课堂、文化娱乐的场所、发挥作用的阵地。这两个平台在组织各类离退休工作活动、学习党的方针、加强离退休人员的思想教育、保障离退休人员的稳定等方面有着不可替代的作用。

要继续用好“共享式”离退休人员党建活动阵地、“芳华剧场”等实体平台，发挥好核心阵地作用。在老有所学方面，通过联合办学、网络老年大学等形式推动优质资源下沉，形成社区老年大学全覆盖的生动局面。在老有所乐方面，根据社区工作实际和社区离退休人员自身情况，建立兴趣爱好团队，开展丰富多彩的书画笔会、摄影比赛、文艺会演等活动，并与街道、县（区）、市老干部活动中心、老年大学联动，提高离退休人员的文化养老满意度。在老有所为方面，积极推动志愿者队伍建设，在社区治理、服务群众、关心下一代、以老助老等方面发挥作用，实现自我价值。

同时，依托“两个阵地”，引导广大老同志在社会生活中自觉讲好中国故事、弘扬中国精神、传播中国声音，更加自觉地培育和践行社会主义核心价值观，在全社会形成奋发向上、崇德向善的良好风尚。在加强学习活动阵地建设、丰富学习活动内涵、提升学习活动效果上做文章，加大工作力度，加快建设步伐，为老同志学习活动创造良好的环境，促进老同志的身心健康，提高老同志的幸福指数。

第二节　高校离退休管理工作的重要目标

一、开展活动，推进离退休人员文化养老

组织多种老年文体队伍，开展简单易学、丰富多彩、能够促进身心健康的文体活动。从离退休人员的生理和心理特点及生活规律出发，从以人为本的角度看，人的认识水平有差异，性格特点或兴趣爱好各有不同。利用“换位”方法，把相互交流放在重要位置，促进离退休人员老有所为、老有所乐，以更好地满足其精神和文化需求。根据离退休人员情况，邀请一些专家、学者开展讲座，调整离退休人员的心态，使其远离孤独失落，提高其离退休后的生活质量，避免他们产生生活上的不适应、思想上的不理解、情绪上的不稳定、心理上的不平衡。

当前，我国已经进入老龄化社会，大力发展老年教育事业已经成为时代对离退休工作的客观要求。在新的历史条件下，要搭建好企业老年大学“教、学、乐、为”平台，按照“按需办学”的理念，创设葫芦丝、国画、书法、声乐、电子琴、二胡、管乐等专业，选聘优秀教师，完善硬件设施，全面提高教学质量，开辟离退休人员学习新知识、掌握新技能、提高新境界、开拓新视野的载体。依托老年教育，丰富离退休人员的精神文化生活，提高其晚年生活品质，推进“文化养老”，多元化服务高校离退休人员。

二、落实待遇，倾注情感，满足离退休人员的物质、精神需求

落实待遇，就是落实离退休人员的各种福利待遇，维护他们的合法利益。一是遇到不能解决的问题，或一些与离退休人员利益不相符的政策，要耐心细致地做好疏导解释工作；二是涉及离退休人员切身利益的事情，诸如福利、医疗等，要给予解决和妥善处理，让离退休人员得到很好的实惠。

由于高校离退休工作管理和服务的对象群体庞大、情况复杂，因此我们应主动根据新形势、新情况，耐心听取离退休人员的意见和建议，分类

处理好关系他们切身利益的问题。相关政策未落实引位或没有得到落实的，应主动作为，积极协调，严格按照文件规定认真执行，推动各项政治、生活待遇落实。对于那些目前仍然处于政策缺失甚至空白的问题，要借助全党高度重视老龄工作的大势，在广泛调研的基础上不断建立健全相关制度体系，最大限度给予支持和倾斜，尽可能多地解决离退休老职工的痛点、难点问题。

倾注情感，就是满足离退休人员的精神需求。高校的发展凝结着离退休人员的开拓和奉献，饱含着他们的创造和积累，浸透着他们的心血和汗水，离退休人员为高校作出的贡献要永远牢记，我们应满怀感恩之情为离退休人员做好服务工作。多走访看望，多听意见和建议，千方百计创新服务方式，让离退休人员切实感受到高校的关心，关注高校的发展，自觉维护高校的和谐稳定，进而发挥余热支持高校高质量发展。

参考文献

[1] 杨中新. 中国人口老龄化与区域产业结构调整研究 [M]. 北京：社会科学文献出版社，2005.

[2] 佟宝贵. 古今中外退休养老制度读本 [M]. 北京：中国社会出版社，2009.

[3] 郭源生. 智慧医疗与健康养老 [M]. 北京：中国科学技术出版社，2017.

[4] 曹志. 资本主义国家公务员制度概要 [M]. 北京：北京大学出版社，1985.

[5] 肖勘. 《管理社会的杠杆——当代西方公务员制度》出版 [J]. 西北大学学报（哲学社会科学版），1990（20）：38.

[6] 汤文仙，刘海波. 离退休干部参与社区治理的价值意蕴与实践探索 [J]. 领导科学，2021（24）：28-31.

[7] 邱学军. 信息网络技术在离退休管理工作中的应用探析 [J]. 信息记录材料，2020，21（8）：132-133.

[8] 蒋建平，陈敏，丘继哲，等. 积极老龄化背景下株洲市高校离退休教师生活质量现状及影响因素研究 [J]. 现代医药卫生，2021，37（21）：3622-3625.

[9] 谢冲. 做好高校离退休人员服务工作的思考 [J]. 科技资讯，2020，18（15）：90，92.

[10] 孟繁播. 互联网形势下医院离退休干部管理工作探索 [J]. 中国卫生标准管理，2020，11（1）：25-27.

[11] 窦娟. 做好离退休职工服务工作有三个关键 [J]. 企业文明，2020（7）：107.

[12] 张晓峰. 深入贯彻新时代党的组织路线　提升离退休干部党建工

作质量［J］. 前进，2020（11）：27-28.

［13］陈广辉. 浅析如何做好新时代离退休干部工作［J］. 河北企业，2020（12）：16-17.

［14］张立保，张威. 新时代高校离退休干部思想政治工作研究［J］. 黑河学刊，2020（1）：106-107，110.

［15］李骁潼，王爽. 矿山企业离退休人员档案管理探析［J］. 黄金，2019，40（12）：1-2.

［16］陈垠亭，张改. 离退休老干部在家风建设中的独特价值［J］. 人民论坛，2019（2）：66-67.

［17］纪晖，舒丽芯，王晓璐. 某三甲医院干休所离退休干部门诊用药分析及医疗保健对策［J］. 药学实践杂志，2019，37（6）：571-576.

［18］王秀娟. 做好医院离退休干部思想工作，实现老有颐养［J］. 中国卫生产业，2019，16（26）：47-48.

［19］万安. 新时代下农业科研院所离退休工作模式探析——以安徽省农业科学院为例［J］. 安徽农业科学，2019，47（10）：234-237.

［20］张健. 对某干休所离退休人员进行个体化健康管理的效果观察［J］. 中西医结合心血管病电子杂志，2019，7（9）：194.

［21］杨玉平，薛净，马楠. 应用 PDCA 模式在离退休人员中实施精准帮扶的探索——以首都医科大学宣武医院为例［J］. 医学教育管理，2019，5（1）：98-101.

［22］刘新波. 新形势下创新高校离退休工作的途径思考——以江苏科技大学为例［J］. 江苏科技大学学报（社会科学版），2019（6）：96-100.

［23］徐建. 浅谈如何做好离退休人员服务管理工作［J］. 办公室业务，2019（24）：58，64.

［24］胡继申. 扎实做好新时代离退休干部工作——近年来国家发改委老干部工作回顾［J］. 中国经贸导刊，2019（19）：43-46.

［25］吴林玮. 浅析新时期高校离退休教师心理健康问题［J］. 黑河学院学报，2019，10（5）：61-62.

［26］徐帅. 浅议老干部思想政治工作现状及改善对策［J］. 中国校外教育，2018（3）：39，47.

［27］刘欢. 新时期高校老年文体工作方法和途径探析［J］. 中国石油

大学胜利学院学报，2014，28（3）：57-60.

［28］文君. 制度建构的理性构成及其困境［J］. 社会科学，2010（4）：60-63.

［29］美国应对人口老龄化的主要做法［J］. 党建研究，2007（1）：56.

［30］冯燕，宋群，张贵林. 浅析老年人心理治疗的意义［J］. 中国疗养医学，2005，14（2）：123-124.

［31］陈乐坚. 浅谈离退休教师在高校发展中的作用［J］. 福建高教研究，2005（3）：18-19.

［32］杨波涛. 浅谈如何做好离退休老同志的管理服务工作［J］. 管理学家，2013（6）：1674-1722.

［33］贾敏. 国外教育养老模式发展研究及启示［J］. 世界教育信息，2017，30（19）：29-35.

［34］黄耀明. 对空巢老人的心理关爱：国内外文化比较［J］. 中国老年学杂志，2012，32（3）：646-648.

［35］臧朋伟. 离休制度及其终结［D］. 武汉：华中师范大学，2012.

［36］范蓉. 提升离休干部服务水平研究——以 HE 市为例［D］. 郑州：郑州大学，2016.

［37］闫鸿博. 东施古镇政府服务能力建设研究［D］. 天津：天津商业大学，2019.

［38］张悦芳. 离退休干部管理研究——以上海市委老干部局为例［D］. 上海：上海交通大学，2010.

［39］魏明. 退休干部服务管理研究——以南昌市为例［D］. 南昌：南昌大学，2011.

［40］黄婧. 离退休干部服务管理问题研究——以重庆市 F 区为例［D］. 重庆：重庆大学，2017.

［41］王欢欢. 温州市离退休干部管理改革研究［D］. 咸阳：西北农林科技大学，2019.

［42］何曙明. 党政机关离退休干部社区化管理模式研究［D］. 长沙：湖南大学，2012.

［43］王冯雅楠. 重庆市璧山区离退休干部社区服务管理工作问题与对

策研究［D］. 重庆：西南大学，2015.

［44］孙东青. 重庆市社区智慧养老服务精准化问题研究——以渝北区为例［D］. 重庆：中共重庆市委党校，2019.

［45］徐菁. 常州市新北区医养结合养老研究［D］. 大连：大连海事大学，2019.

［46］谢睿. 山东省离退休干部服务管理工作转型发展研究——以省直部门为例［D］. 西安：陕西师范大学，2018.

［47］金玲. 兰石化离退休工作管理部员工转岗方案研究［D］. 兰州：兰州大学，2020.

［48］周利佳. 张家港市离退休干部管理研究［D］. 咸阳：西北农林科技大学，2020.

［49］汤晓倩. GY 市离退休干部服务管理优化研究［D］. 扬州：扬州大学，2020.

［50］陈彦地. Z 部离退休干部服务管理满意度研究［D］. 北京：中国地质大学，2020.

［51］李培建. 新时代离退休人员工作转型发展探析［D］. 南昌：南昌大学，2020.

［52］林晓琳. 哈尔滨工业大学离退休干部养老意愿和养老方式的研究［D］. 哈尔滨：哈尔滨工业大学，2019.

［53］田聪. 离退休干部基层党组织建设的政策执行问题研究［D］. 长春：吉林大学，2019.

［54］罗申汶. 离退休干部社会参与问题研究［D］. 上海：东华大学，2019.

［55］国家统计局. 第七次全国人口普查公报解读［EB/OL］.（2021-08-20）［2021-08-20］. http：//www. stats. gov. cn/tjsj/sjjd/202105/t20210512_ 1817336. html.

［56］江苏省卫生健康委员会. 关于建立完善老年健康服务体系的实施意见（苏卫老健〔2020〕3 号）［EB/OL］.（2020-10-10）［2020-10-23］. http：//wjw. jiangsu. gov. cn/art/2020/10/10/art_ 48811_ 9532036. html.

［57］全国老龄办. 在常态化疫情防控中做好老年人照顾服务工作

[EB/OL]. (2020-06-12) [2020-06-18]. https: //m. thepaper. cn/baijiahao_ 7808310.

[58] 国家卫健委. 推进健康老龄化 着力构建老年健康服务体系 [EB/OL]. (2019-06-10) [2019-06-25]. http: //news. youth. cn/jsxw/201906/t20190610_ 11977724. htm.

[59] 习近平. 决胜全面建成小康社会 夺取新时代中国特色社会主义伟大胜利——在中国共产党第十九次全国代表大会上的报告 [EB/OL]. (2017-10-27) [2017-11-18]. http: //cpc. people. com. cn/19th/n1/2017/1027/c414395-29613458. html.

[60] 国务院. 国务院应对新型冠状病毒感染肺炎疫情联防联控机制关于做好新冠肺炎疫情常态化防控工作的指导意见（国发明电〔2020〕14号）[EB/OL]. (2020-05-08) [2020-08-07]. http: //www. gov. cn/zhengce/content/2020-05/08/content_ 5509896. htm.

[61] 民政部. 2017 年社会服务发展统计公报 [Z]. 2018-08-02.

[62] 民政部. 2016 年社会服务发展统计公报 [Z]. 2017-08-03.

[63] 翟振武. 新时代高质量发展的人口机遇和挑战——第七次全国人口普查公报解读 [N]. 经济日报，2021-5-12 (5).

[64] 谯喜龙. 有一种幸福叫做“家门口养老” [N]. 兰州日报，2022-01-19 (2).

[65] 甘贝贝. 老年健康须“四处”发力 [N]. 健康报，2019-06-12 (6).

[66] 高体健. 加快建设健康支撑体系 努力实现健康老龄化 [N]. 人民政协报，2021-06-23 (6).

附录　人工智能助力社区医养结合的实现路径

按照联合国的传统标准规定，一个国家60岁以上老年人口达到总人口数的10%，或65岁以上老年人口超过总人口数的7%，该国家即进入老龄化社会。据测算，预计“十四五”时期，我国60岁及以上老年人口总量将突破3亿，占比将超过20%，进入中度老龄化阶段。2035年左右，60岁及以上老年人口将突破4亿，在总人口中的占比将超过30%，进入重度老龄化阶段。因此，积极应对人口老龄化是国家的一项长期战略任务。从全球应对人口老龄化的经验来看，科技进步创造了极其重要的技术条件。工业和信息化部、民政部、国家卫生和计划生育委员会（现为国家卫生健康委员会）联合发布的《智慧健康养老产业发展行动计划（2017—2020年）》提出，充分利用新一代信息技术实现智慧健康养老是实施健康中国战略的重要举措。

利用互联网和人工智能及先进有效的综合诊疗技术来解决我国目前养老产业存在的问题具有重要的研究价值。近年来，医养结合已成为学者研究的热点，一大批研究者从大数据分析、云计算等角度探讨了人工智能与医养结合联动发展的策略。人工智能与医养结合更侧重于强调技术条件发展带来的巨大优势。比如，人工智能通过对大量数据进行分析，建立算法模型并进行测试和训练，作出科学的判断，制定合理的方案决策和实施路径，其强大的运算效能远超一般人类所能达到的能力水平。通过制定人工智能养老产品标准，尤其是常用生理健康指标智能检测设备产品及数据服务标准，可以协助医护人员处理各种复杂的事项和问题。通过人工智能等技术构建“智能养老生态”已具备良好的科技条件，高质量的医疗护理技术可渗透到养老服务的每个环节，这是一种极有发展前景的养老模式。人工智能将整合所有线上线下医养资源，弥补传统医疗和养老结合存在的不足，打造出全新的基于人工智能的社区医养结合的新模式。

一、人工智能在社区医养结合中的优势与可行性

（一）传统社区医养结合存在的问题

社区医养结合服务是由社区面向老年人提供的医疗卫生服务和养老服务，主要以满足老年人养老服务需要、医疗服务需要为目的。近年来，随着生活水平和医疗条件的提升，人类的平均寿命在不断延长，提高生命质量成为老年人追求的目标。医养结合是国家开展老龄工作的重要内容，但在实际推行过程中还存在着一定的困难：其一，在医养服务质量方面，老年人器官衰老，身体机能退化，且某些疾病为突发（如心肌梗死），需要医治及时，这就要求社区医疗机构能够及时施救，但社区医疗机构不具备这样的医疗条件，导致对老年人的需求照顾不足、服务的主动性较低、服务内容层次较低，医养结合的痛点在“医”不在“养”。其二，在医养服务条件方面，由于国内经济发展水平不均衡，社区居家养老服务发展也存在不均衡的现象，不同地区之间、社区之间都存在一定的差距；尤其是老年人生活不能自理时，需要专业的养老机构提供专业化的养老服务，但社区受医护条件所限，施救效果不尽如人意。其三，在医养服务监管方面，由于缺少规范化的行业服务标准及培训，从业人员的专业素质参差不齐，服务质量不高，并存在居家养老服务的安全性隐患。

（二）人工智能社区医养结合服务的优势分析

人工智能养老是近年才出现的新的产业形式，拥有广阔的发展前景，国家层面已出台多项政策予以支持。互联网技术的发展和5G的应用更促进了智能养老领域的迅猛发展。有研究者认为，与传统养老模式相比，人工智能养老在信息数据、资源整合、人力替代、高效精准四个方面具有优势。总体来看，人工智能养老的优势有以下四个方面：

（1）人工智能条件下的数据采集更加适时、全面、真实。通过对养老服务大数据的分析和研判，人工智能服务平台能够对服务供给进行优化整合，了解老年人的真实需求，为老年人提供更多的个性化服务。通过物联网技术的应用，智能化可穿戴设备等能够实时监测和收集老年人的生理信息数据，发现潜在的健康安全问题隐患，为老年人提供健康预警。除此之外，一些高科技的设施平台，可以促进老年人之间的日常交流，提高老年人的精神满足程度，切实提高老年人的晚年生活品质。

（2）人工智能让医养资源整合效率更高。智能化的信息分享不受时间、

空间限制，可以更加合理地安排各类服务资源的使用，充分减少浪费；居家养老服务的信息化平台可以将老年人、家庭、社区、医疗机构等要素互联互通，信息共享，让服务的需求方、供给方、监督方各取所需，各尽所能，推动养老服务产业链的形成，让企业有动力去实现创新。

（3）人工智能大数据提供的医养服务更优更精准。人工智能模式的嵌入打破了以往医治医生全程亲力亲为的运作模式，运用智能机器的自主研判与决策能力，可大大降低人力成本，减少医疗支出。通过记录服务对象的各类数据，精准掌握老年人的生活习惯、病史、爱好等信息，可以为老年人提供更加智能化、个性化、专业化的服务；可以更准确地预测老年人的潜在需求，主动提供有效的服务、知心贴心的服务。

（4）人工智能让医养服务更具贴合度。人的需求具有多层次性，对大多数老年人而言，生理安全、情感陪护仍然是必需的。在物质生活方面，无论是老年人自身还是其家庭成员，都希望老年人得到品质优良、价格合理的产品服务；在健康需求方面，许多老年人患有各类慢性病症，尤其在其发病时，需要得到及时有效的救治。人工智能产品的设计理念贴近人们的实际生活，将人们从繁重的体力劳动中解放出来，并开始从情感上关注老年人的生存现状。现代化智能产品通过连接大数据，可储存、分析人们的语言、行为和思维习惯。老年人可随时随地通过语言与智能产品进行无障碍交流，足不出户就能了解到多样化的信息。

（三）可行性

1. 政策支持力度大

任何行业的发展都与国家宏观政策密不可分，人工智能亦是如此。国家对人工智能的项目十分重视，2017 年国务院印发的《新一代人工智能发展规划》，明确了智能医疗与智能健康和养老的发展目标及要求，包括互联网+养老政务、医养服务信息平台、养老机构的智能化信息管理系统、老年住宅或老年社区的智能化服务管理系统。2011 年以来，国家层面对促进智能养老产业发展出台的政策达十余个，相关政策见附表 1。

附表 1　中国智能养老产业相关政策汇总

颁布时间	颁布部门	政策名称	主要内容
2011 年 9 月	国务院	中国老龄事业发展“十二五”规划	加快居家养老信息系统建设
2013 年 9 月	国务院	关于加快发展养老服务业的若干意见	发展居家网络信息服务
2015 年 2 月	民政部、国家发展改革委、教育部等十部委	关于鼓励民间资本参与养老服务业发展的实施意见	鼓励民间资本参与居家社区养老服务，推进养老服务信息化建设
2015 年 7 月	国务院	关于积极推进“互联网+”行动的指导意见	明确提出“促进智慧健康养老发展”的目标任务
2016 年 6 月	国务院办公厅	关于促进和规范健康医疗大数据应用发展的指导意见	推动健康医疗大数据融合共享、开放应用
2016 年 3 月	中国人民银行、民政部、银监会、证监会、保监会	关于金融支持养老服务业加快发展的指导意见	积极创新专业金融组织形式，探索建立养老金融事业部制、组建多种形式的金融服务专营机构，加大对养老领域的信贷支持力度；推动符合条件的养老服务企业上市融资，支持不同类型和发展阶段的养老服务企业、项目通过债券市场融资，为养老服务企业及项目提供中长期、低成本资金支持
2016 年 12 月	国务院办公厅	关于全面放开养老服务市场　提升养老服务质量的若干意见	提出发展智慧养老服务新业态，打通养老服务信息共享渠道
2017 年 2 月	工业和信息化部、民政部、国家卫生和计划生育委员会	智慧健康养老产业发展行动计划（2017—2020 年）	到 2020 年，基本形成覆盖全生命周期的智慧健康养老产业体系，建立 100 个以上智慧健康养老应用示范基地，培育 100 家以上具有示范引领作用的行业领军企业，打造一批智慧健康养老服务品牌
2017 年 3 月	国务院	“十三五”国家老龄事业发展和养老体系建设规划	健全养老服务体系
2017 年 6 月	国家发展改革委	服务业创新发展大纲（2017—2025）	鼓励发展智慧养老

续表

颁布时间	颁布部门	政策名称	主要内容
2017年12月	工业和信息化部、民政部、国家卫生和计划生育委员会	2017年智慧健康养老应用试点示范名单	智慧健康养老示范企业52家，智慧健康养老示范街道（乡镇）82个，智慧健康养老示范基地19家
2018年4月	国务院办公厅	关于促进“互联网+医疗健康”发展的意见	开展第二批智慧健康养老应用试点示范工作
2018年7月	工业和信息化部、民政部、国家卫生健康委员会	智慧健康养老产品及服务推广目录（2018年版）	产品和服务类型
2018年12月	工业和信息化部、民政部、国家卫生健康委员会	关于公布第二批智慧健康养老应用试点示范名单的通告	智慧健康养老示范企业26家，智慧健康养老示范街道（乡镇）48个，智慧健康养老示范基地10家
2019年3月	国务院办公厅	关于推进养老服务发展的意见	落实养老服务政策，加强养老服务体系建设
2019年11月	中共中央、国务院	国家积极应对人口老龄化中长期规划	应对人口老龄化的目标任务、应对措施

资料来源：中商产业研究院。

2. 养老产品供给丰富

在健康中国战略背景下，健康新产业、新业态、新模式不断涌现，大健康产业快速发展，许多大型企业纷纷布局智能养老产业。比如，乐普医疗布局医疗级远程心电实时监控；鱼跃医疗布局健康医疗器械；乐心医疗布局智能穿戴；延华智能布局居家智慧养老及大数据。近年来，国家每年都安排一部分中央预算内投资，支持养老服务设施建设，提高兜底保障能力。从个体来看，经济收入水平不断提升，对养老产品的购买力持续增强。在老年人的日常生活中，人工智能养老产品有呼叫器、智能家居系统、智能监控系统、智能社区机器人等，人们所熟知的小米、天猫精灵等产品，也搭载了居家服务的功能。随着5G产业与商业应用步伐加快，5G必将全方位与老龄产业相结合，推动养老产业向高层次快速发展。

3. 技术应用性强

互联网技术可以实现远距离就诊或指导社区医院医生就诊，通过“互联网技术+人工智能+医疗”的综合叠加整合，实施多种类的信息化技术融合发展，可实现对一切物品的智能化识别、定位、跟踪、监控与管理。从技术层面来看，智能产品可通过语音识别、图像识别、自然语言处理，进行远程问诊、电子健康档案数据分析、可视化呼叫。随着经济与科技的高速发展，人体健康状态的远程采集和人工智能诊疗云服务等有机融合的新技术成为医患之间和医护人员之间进行诊疗和互动的重要辅助手段。人工智能的研究以模拟人的行为和思维为出发点，人体机能都从眼、耳、鼻等方面开始衰退，而人工智能往往能以此为需求点，打造出各种延伸辅助服务。比如，远程医疗服务可以从“望、问”的层面给老年人提供帮助；智能语音机器人可以从“对话、交流”的层面给老年人提供帮助；远程定位可以从“出行”的层面给老年人提供帮助。

4. 服务对象的需求更易于被“挖掘”

老年人是否有意愿以及意愿的大小，是影响人工智能条件下居家养老服务模式发展的重要因素。据北京市老年人网络养老需求意愿的调查显示，老年人使用网络的意愿强烈，且尚未被满足，老年人希望通过网络获取医疗康复服务、娱乐服务、日常生活照料服务、维权服务的比例分别为76.0%、65.7%、59.3%、44.7%。同时，人工智能、虚拟现实技术与居家养老服务的深度融合也广受年轻一代的欢迎，用户可以在虚拟现实世界体验到最真实的感受，可以为分属异地的老年人与子女实现最真实的互动，实现亲人就在身边的体验。从某种意义上说，新的智能技术为子女尽孝提供了极大的便利。

二、基于人工智能社区医养结合服务模式的新构想

1. 指导理念

在习近平新时代中国特色社会主义思想的指引下，新时代要更好地实现病有所医、老有所养，增进民生福祉是发展的根本目的，要坚持在发展中保障和改善民生。党的十九大报告指出，改善民生水平必须要实施健康中国战略，要积极应对人口老龄化，构建养老、孝老、敬老政策体系和社会环境，推进社区医养结合，加快老龄事业和产业发展。每个家庭都有老年人，每个人也都将成为老年人，应引起全社会对社区医养结合问题的关

注，关注当下才能看到未来。要充分凝聚社区医养结合的共识，针对不同人群的需求，运用人工智能新技术提供支撑，由服务主体有效供给老年人分层分类个性化的养老服务，满足老年人口对高质量养老服务的新期待。

新时代要牢牢把握养老服务业发展的战略机遇期，不断加大养老服务供给侧改革力度，满足多样化养老需求，让老年人老有所养、老有所依、老有所乐、老有所安。人工智能条件下社区居家养老医养结合体系的构建应包含四个基本层面（见附图 1）：一是价值最高遵循层面，二是任务实施主体层面，三是管理内容层面，四是综合保障层面。第一层面属于顶层设计，要不断完善顶层设计，形成社会共识。第二层面的四大责任主体各司其职，联动发力，协调推进，实现和谐共赢共生的养老事业服务体系。第三层面从“医”“养”两方面供给医疗和养老照护服务。第四层面是保障体系建设，建立健全相关制度、信息化建设、人力资源整合、资金支持等要素缺一不可。

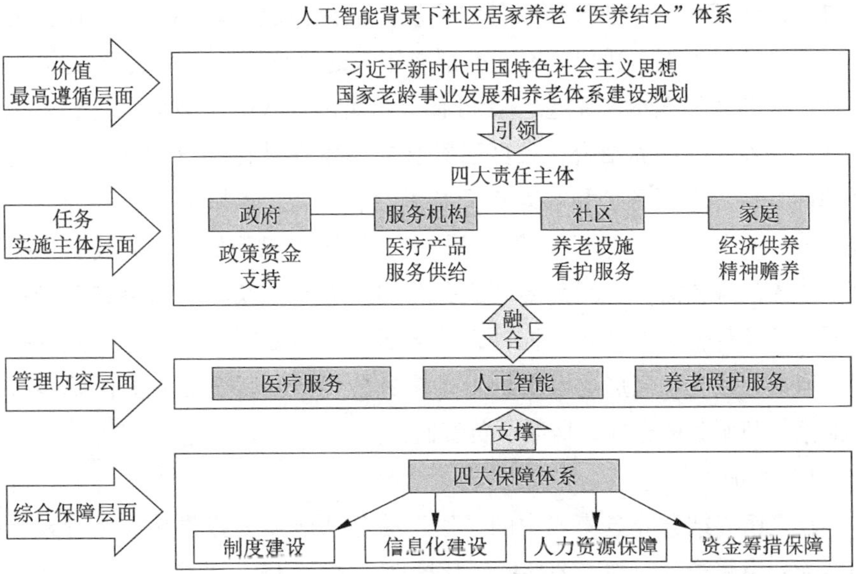

附图 1　人工智能背景下社区居家养老医养结合体系

2. 责任主体

社区医养结合服务供给主体分为四大类，即政府、服务机构、社区、家庭四方共同参与。2019 年李克强总理在国务院常务会议上强调，以需求为导向发展养老服务，是应对老龄化、提升老年人生活质量的重要举措。

一方面，由于传统观念的影响，我国老年人往往具有较深的恋家情结；另一方面，在儿女齐全的情况下，若将老年人送到养老机构养老，可能会被误解为儿女不愿意承担赡养老人的义务。因此，当前我国绝大多数老年人偏爱于居家养老的生活方式。要依托社区人工智能发展以居家为基础的多样化养老服务，为老年人提供助餐、助医、助行、助洁等基础服务，并进一步拓展多元化养老服务，以需求为导向，科学谋划社区医养结合的多种实现办法。

各责任主体均要优化资源配置。随着经济社会的发展，各类医疗资源虽有极大丰富，但由于体制机制的原因，医疗服务与养老照护服务之间未能实现良好的对接关系，导致医疗资源不能发挥出应有的效益，需要通过一定的方式方法加以激发。例如，通过人工智能的大数据分析，建立数据研判分析模型，提前获知哪类服务需求会成为老年人的潜在需要，据此建立更多的政府购买服务，鼓励激励养老服务社会组织发挥作用；制定办法措施、优化流程，推进医疗服务水平较高的大医院主动创新，运用新的技术手段，开发出更多适用于不同类别老年人的医疗服务，拓展服务的时间、空间，提升老年人的幸福感、获得感、归属感。从组织结构来看，要优化社区居家养老的医养结合，社区居委会应当发挥其行政管理的职能，主动搭建四方（养老服务公司、老年人及子女、社区定点服务医院和养老监督委员会）合作平台，进行牵线、搭桥，具体操作规程如下：居委会依据社区老年人的服务需要，联系养老服务公司与老年人及其子女签订养老服务合同，并监督合同的执行；同时，社区居委会与社区定点服务医院保持即时的联系，或者社区居委会要求养老服务公司与社区定点服务医院签订及时通报上门服务的合同，居委会负责监察。

3. 管理内容

社区医养结合养老模式中的“医”是指为老年人提供从健康管理、疾病防治到康复护理与临终关怀的医疗护理一体化服务；“养”包含生活照护服务、心理服务、权益保障等。依靠不断发展的信息技术，合理配置人力资源，构建基于大数据的“互联网+”社区医养智能服务平台，是未来的发展方向。

（1）医疗服务层面。首先，健康管理。构建一体化的“互联网+”社区医养智能服务平台，并依据经济情况、家庭人员构成、身体健康情况等基础数据对社区人员进行分类，利用老年人移动社交和服务平台为社区老年人建立“一户一档”，根据老年人的健康状况实行分级分类管理。开发符合老年人使用需求的可穿戴设备，及时收集、实时上传每天的健康数据，将健康数据变化情况及时上传给社区定点医院、老年人子女、医疗护工等，并由专业医师向老年人提供合理的建议，包括饮食、锻炼、定期到专业医疗机构就诊等，形成连续监测的健康档案，实现对老年人的健康管理流程化。其次，适度保健锻炼与护理。伴随着运动量减少、器官衰老，老年人身体机能逐渐衰退，并时常出现健康问题。人工智能通过数据分析提前发出健康预警信息，健康的身体需要依靠科学的锻炼保健。根据健康管理数据，依靠一体化社区医养智能服务平台定期推送适合特定老年人的科学保健与运动方式，安排志愿者与养老服务人员教做、跟做，以提高老年群体的身体素质，达到预防疾病的目的。同时，护工团队针对疾病恢复期的老年人进行康复知识普及与跟踪陪伴、观察，帮助老年人尽早康复。根据老年人信息分级分类管理的现状，如遇失独老年人等特殊情况，可采用一体化社区医养智能服务平台综合服务管理，实现社工与志愿者陪伴、社区定点服务医院适时提供专业帮助；空巢老年人还可以通过智能服务平台实现与外地子女的实时网络联系，提高其生命质量。

（2）养老照护服务层面。首先是安全保障。从服务运行模式来看，社区医养结合服务的关键是解决安全性、可靠性、及时性、便捷性等问题，解决办法为线上线下信息互联互通，并在平台上形成备案，避免养老服务人员花言巧语骗取老人财产、偷盗、虐待老年人等情况的发生。其次是生活照护。合理的饮食搭配和良好的饮食习惯对身体的健康颇为关键，针对老年群体的科学膳食搭配、先进烹调技术与设备研发不断进步，云菜单开发工程师、美食研究工程师等职业逐渐兴起，医养平台营养科学膳食推送等将成为老年人健康生活的一大保障。该智能服务平台依托可穿戴设备上传的云数据实时了解老年群体的各项健康数据，包含体重、血压、血糖、心率、脑电等，实现老年人饮食人性化与科学化相结合。智能服务平台可将老年人互联网社交、养老服务公司、义工志愿者等与老年群体联系起来，实时更新发布老年人提出的生活需求，细致、全面、及时地完成对老年人的生活照护。最后是心理服务。受个人健康变化、经济条件限制、家庭人际关系情况等因素的影响，老年人心理状态易出现波动，严重时会产生抑郁症等心理健康问题。智能服务平台将整合心理状况大数据，联动四方主体——养老服务公司、老年人子女、社区定点服务医院、社会志愿者，定期招募情感陪护助手、心理咨询师等，及时进行情绪纾解、讲解心理健康知识等，与老年人加强交流，帮助老年人排解烦恼，缓解心理压力，努力促使他们重获身心健康。

4. 保障体系

2019 年，中共中央、国务院印发了《国家积极应对人口老龄化中长期规划》，明确了积极应对人口老龄化的战略目标。供给侧结构性改革旨在调整结构，以养老服务供给侧制度、信息化、人力资源、资金等要素作为保障，使要素实现最优配置，提升发展质量和数量。要从顶层设计入手，建章立制，运用人工智能带来的技术红利，制定和完善社区养老政策、制度，建立市场化、规范化的智能养老服务标准，建立智能养老产业监督和评估机制，以保障这一产业的健康有序可持续发展。社区医养结合要尽快纳入养老服务立法，切实做到保障服务对象的隐私不受侵犯。要加强人口基础信息采集和统计工作，分步骤建立以人口普查为基础，依托政府多部门的网格化管理信息，以相关大数据分析为补充，提高数据质量。要加强与养老行业的人力资源平台和高等职业院校、专业培训机构合作，进行人力资源补充，为养老机构即时输送高素质的人才。融资瓶颈严重制约了我国社会养老产业的发展，构建切实有效的融资供给体系是解决社会养老产业融资瓶颈的关键。

三、人工智能与社区医养结合融合的实现路径

1. 加强顶层设计，建设人工智能平台，消除“信息孤岛”

人工智能在保障和改善民生方面潜力无限。加强人工智能在医疗领域的应用，促进模式创新和业态创新，需要建立强大的人工智能平台。平台包括全民医疗健康信息、医疗服务信息集成、养老照护服务信息集成，为医疗机构、养老机构提供综合化的智能服务。要推动人工智能技术、信息技术与医养服务融合创新，建立基于信息共享、多部门联动、疾病诊疗与健康管理同步管理的工作模式。以福州市为例，2016 年底该市成为首批国家健康医疗大数据中心试点城市，在较短的时间内完成了市、县两级 37 家医院健康医疗存量数据的汇聚工作，医疗机构与中心机房联通后，福州的人口资源、电子病历、健康档案、医疗保健等数据实现成功整合，“信息孤

岛”被打破。人工智能社区养老的发展离不开公众的支持和参与，政府要加强宣传引导，帮助群众了解人工智能养老的意义和重要性。社区医养结合是对传统养老服务概念的延伸和扩展，尤其是在人口老龄化的时代，需要重新思考、构筑人工智能、医疗、养老之间的内涵关系和必然逻辑。这需要在全社会形成思想共识，打破养老和医疗两类资源之间的壁垒，加强有效整合，为老年人提供保健咨询和辅导、日常生活照护、身心健康保健、益智娱乐活动等，做到老年人生活有保障、精神有寄托。

2. 运用政策牵引，完善协同体系，联通医疗机构和社区

一般来说，公共产品和服务的主要提供者是政府，其在社区养老服务的人工智能化治理过程中尤其重要。社区医养结合是一项重要的制度创新，要将医疗和养老两个领域做到相互融合，需要政府在社区医养结合上强化自身职责，加强治理能力建设，尤其要注重运用人工智能技术开发应用。首先，要完善服务与监管，引导建立健康有序的行业秩序，促进行业良性发展。其次，要加强多部门协同配合，对于涉及社区医养结合的政府部门，如民政、卫生、财政、教育、司法等，要明确各方责任，协同配合，给予强有力的政策支持。最后，要建立智能信息平台，实现多部门协同推进医养产业发展。从政策层面来说，这会大大推动社区医养结合的步伐。同时，可以引入市场机制，推动养老服务机构信息化发展，支持养老服务机构开展家政、送餐、远程医疗等服务，帮助养老服务机构开展智能监护、健康管理、紧急救助等增值服务。

3. 改善服务体验，扩大有效供给，提升服务品质

人工智能在社区医养结合方面的应用要靠科技产品实现，产品研发的主要功能集中在智能医疗和健康养老两个方面。打造人工智能产业生态圈，推动专业智能和技术智能融合发展，注重智能养老产品开发的实用性、经济性。加快智能传感器、医疗案例大数据的应用，在隐性疾病筛查、慢性病管理、康复流程管理等方面加强应用，提供精准医疗服务、增加医疗资源供给，满足老年人的需求。例如社区智能门禁系统，紧急报警系统，快速联系系统等；视听辅助设备等智能家居，方便老年人的起居生活，加强安全照护，有效延展老年人活动的空间和范围；开发适合老年人的移动社交和服务平台，如小米AI音箱，简单易掌握操作要领，可作为基本交流的陪护助手，增加老年人的生活情趣。在建立医疗机构、提供服务、吸引资

金方面，需要积极发挥市场的作用。将政府提供公共服务和市场提供购买服务方式相结合，提高服务质量和效率。5G技术必将“催化”养老服务的各类应用场景，使资源的整合更加灵活和便利，各类组织之间的交互融合越来越紧密，主体之间的边界越来越“零距离”。社会力量、社会资源经过引导，可以在社区医养结合中发挥极大的示范作用，解决很多难以解决的问题。比如，发挥义工、志愿者以及非营利性组织的作用，联合高校、企业加快人工智能养老服务产品的研发，加强政策支持和资金帮助，促进社会力量和传统医疗公立机构的合作，有机地将政府、市场、社会力量结合起来，共同发挥人工智能在居家养老中的作用。

4. 培养复合人才，构建为老服务的高素质人力资源

中国的养老事业起步较晚，但是中国进入老龄化的速度快，面临的问题更为复杂，而现有的护理人员数量和专业水平难以满足日益增长的社区养老事业发展的需要。研究显示，目前我国从事老年护理、医疗康复职业的人数偏少且职业素养不强，不能满足人口迅速老龄化带来的多元化需求，供给和需求呈现失衡的现象。要重构以职业教育为重点的人才培养体系，鼓励医科高校增设相关医护专业，在专业培养方案中尤其要强化老年人护理的专业知识的学习，开设一批人工智能相关课程，使学生在医学影像识别、电子病历、药物研发、组学数据分析等诸多领域掌握必要的医学知识，在实践环节保障一定时间的实岗训练。充分发挥人工智能在药学服务领域的协作作用，如传统意义上的处方审核、配药发药等简单重复性的工作可交由人工智能操作，这样药师们可以腾出足够的时间和精力不断提升自己，努力成为不可替代的高素质药师，从而提供人性化、个体化的高端药学服务。加强对社区工作人员的培训，培养一支能够熟练运用人工智能智慧养老产品器械的专业队伍和运用人工智能技术诊断的医疗队伍，保障老年人的物质和文化需求。